하 　 고
싶 　 다
다이어트

하고 고
싶 다
다이어트

100일 완성
날씬해지는
평생 습관

안선영 지음

달북

나 자신을 찾아 떠났던 100일의 여정

딱 5년 만이군요, 첫 번째 책 『하고 싶다 연애』를 출간하고 이 책 『하고 싶다 다이어트』를 내기까지. 그동안 참 많은 일이 있었어요. 대한민국 대표 '연애'인, 대한민국 대표 골드미스라 우겨대며 책씩이나 내더니 그 책이 뜻밖에 베스트셀러가 되면서 연애 멘토링 강의를 다녔고, 평생 혼자 잘 먹고 잘 살 것처럼 살다가 개불을 먹다 우연히 만난 부산 남자와 결혼해 '아줌마'라는 타이틀을 달았습니다. 그리고 임신, 출산, 육아 입문이라는 과정을 거쳐 '엄마'라는 다른 자아로 변신하게 되었죠. 지난 18년의 방송 생활보다 더 다이내믹한 5년을 보낸 것 같아요.

제 버킷리스트 중 하나인 마흔 전에 책 쓰기를 『하고 싶다 연애』로 실천하고 나서 죽기 전까지 10권을 채우겠다는 새로운 목표를 세웠습니다. 꼭 10권을 채우리라 자신만만했던 것과 달리 스스로와의 약속은 의외로 더디게 흘러갔습니다. 『하고 싶다 결혼』이 두 번째 책으로 나올 것이라는 주위의 예상과는 다르게 결혼 생활과 대한민국 유부녀 시스템에 적응하는 데 시간이 꽤나 걸렸거든요(아무래도 『하고 싶다 결혼』이 나오려면 20년은 더 살아 봐야 할 것 같아요).

게다가 아들 바로를 낳으면서 생전 처음 맛보는 놀랍고도 행복한 경험과 함께, 여자로서의 삶이 끝난 듯한 기분 또한 동시에 느꼈습니다. 20대부터 하루도 쉬지 않고 '나', '안선영'을 드러내던 삶에서 모든 삶의 주파수를 아이에게 맞추고 매일 아이 때문에 울고 웃고, 내가 사람인지 젖소인지 모를 반인반수의 삶을 받아들이는 것은 쉽지 않더군요. 샤워를 하다가 거울에 비친 늘어진 내 몸과 마주친 어느 날, 결국 견디지 못하고 무너져 내렸어요. 욕실 바닥에 주저앉아 한참을 엉엉 울고 말았습니다.

울다 울다 지쳐 거실로 나와 보니, 달라진 것은 하나도 없고 여전히 아이를 먹이고 트림시키고 재우고 치우고 또 먹이고의 무한 반복만이 저를 기다리고 있었어요. 그때 문득 얼마나 많은 엄마들이 '여자'에서 '누구의 엄마'가 되는 과정을 나처럼 울면서 버티고 있을까 하는 생각이 들었습니다. 그때부터 시작이었던 것 같아요. '안선영 찾기', '나 자신 들여다보기'가 시작된 것이.

딱 100일 동안 다른 사람 눈치, 사회적인 관계, 처리해야 할 일들을 모두 최소로 줄이고 나 자신을 최우선에 두기로 했습니다. 그리고 스스로를 보살피는 방법으로 건강한 몸을 만드는 것을 택했습니다. 단군신화에서 곰도 100일을 쑥과 마늘만 먹고 견뎌서 사람이 되었다는데, 나라고 100일을 못할쏘냐! 하는 마음으로요.

초반에는 몸이 예전 같지 않게 마음대로 안 돼서 울컥하고, 윗몸일으키기 할 때마다 수술 부위에 힘이 안 들어가서 울컥하고, 운동을 가려고 몰래 나서는데 아이가 울며 매달려서 울컥하고는 했습니다. 하지만 100일만 참아보자는 마음으로 견뎠습니다. 그러다 보니 점점 나 자신과의 약속, 나와의 데이트를 즐기게 되더군요.

돌이켜 보면 지난 100일은 매일매일 기적을 만나는 순간이었습니다. 하나도 제대로 못하던 윗몸일으키기를 쉬지 않고 할 수 있게 되었고, 아들과 한 바퀴만 돌아도 힘들었던 동네 산책을 열 바퀴쯤은 가뿐하게 돌게 되었습니다.

무엇보다 여자로서 무너진 자존감을 회복했고, 나는 나를 이길 수 있다는 용기를 얻었으며 나 자신과의 약속을 지켜냄으로써 '네가 다이어트를?'이라는 주변 사람들의 의심의 눈길을 '대단하다', '멋지다'로 바꿔 내는 희열을 느꼈습니다.

이 책 『하고 싶다 다이어트』는 건강정보서적도, 운동코칭서적도 아닙니다. 보자마자 살이 쭉쭉 빠지는 마법의 책은 더더욱 아니고요. 제가 SNS에서 일기처럼 써왔던 100일의 완주 기록입니다. 100일 동안 먹고 싶고, 놀고 싶고, 포기하고 싶은 마음을 참는 것뿐만 아니라 하기 싫은 운동을 해내고 때론 주저앉기도 했다가 다시 시작하는 과정을 일기 쓰듯이 SNS에 올렸어요. 생각보다 많은 분들이 '안선영 100일 다이어트'에 공감해주셨고, 용기와 희망을 얻어 간다고 말씀해주셨습니다. 제게 선물 같이 온 그 100일을 여러분과 함께 나누고 싶습니다.

누구 말대로 이효리나 GD 같은 슈퍼스타도 아니고, 아이돌도 아니고 목욕탕에서 만나도 어색하지 않을 것 같은 마흔세 살의 바로어무이 '안선영'도 했으니 '나도 한번 해볼까?'라는 마음이 든다면 여러분의 100일 다이어트는 이미 절반은 성공입니다.

이 책의 절반은 저의 이야기로 채웠고, 나머지 절반은 여러분을 위해 비워두었어요. '내일부터 하지 뭐'라고 생각하지 말고 저처럼 매일 일기를 쓰면서 바로 오늘부터 시작하세요. 저와 함께 더도 말고 덜도 말고 딱 100일만! 자기 자신을 찾는 일에 집중해봅시다.

내가 바뀌면 내 주위도, 세상도 바뀌니까요.

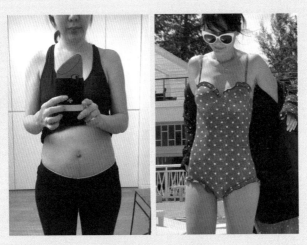

100일 다이어트 비포 앤 애프터

Step 1   빼고 싶다   살

Step 2 갖고 싶다 탄탄한 몸매

Step 3 되고 싶다 살찌지 않는 체질

Step 1

빼고 싶다

살

마흔셋 애 엄마인 내가 다이어트를 시작한 이유

입으로만 떠드는 조동아리 다이어터, 그게 바로 저였습니다. 불혹의 나이에 임신과 출산을 겪으면서 17kg이나 쪘지만 마음만 먹으면 살은 언제든 뺄 수 있다고 '혼자만' 믿었습니다. 촬영하기 전에 굶고, 촬영이 끝나면 다시 원래 생활로 돌아와 야식 먹고 술을 마셨죠. 촬영할 때 화장도 세게 하고, 포토샵으로 만져주니까 사람들이 다 돌아왔다고, 임신이 체질이라고 농담 아닌 농담도 건넸습니다. 그래서 사실 다이어트에 대한 아주 강한 동기가 없었어요.

계기는 예상하지 못한 곳에서 찾아왔어요. 몇 달 전, 난데없이 요로결석으로 수술을 받게 되었습니다. 주로 외식이나 회식이 잦은 20~40대 남성이 자주 걸리는 병이라는데……. 얼마나 내 몸을 안 돌봤는지 알겠더라고요. 딱히 증상이 있던 것도 아니어서 전혀 모르고 있다가, 어느 날 갑자기 옆구리에 불이 난 것처럼 아프고 구토까지 하기 시작해서 구급차를 타고 응급실에 갔어요.

생각해보면 그때 사람들이 왜 이렇게 몸이 붓냐고 묻곤 했는데 그게 증상이었던 것 같아요. 저는 아무것도 모르고 테솔(Tesol) 수업을 듣느라 밤늦게까지 숙제하면서 야식을 먹어서 그렇다고 웃으며 대답했습니다. 그때 매일 과제를 하느라 스트레스를 받아서 밤마다 과자를 두 봉지씩 털어넣고는 했거든요.

병원에 가보니 7mm짜리 결석이 오른쪽 콩팥 입구를 막았더군요. 소변이 역류해서 오른쪽 콩팥이 왼쪽 콩팥의 두 배가 되어 있었습니다. 하마터면 콩팥이 날아갈 뻔했죠.

급하게 수술 준비를 했고, 병원에서는 전신마취를 해야 하니 못 깨어날 수도 있다는 동의서에 서명을 하라고 하더군요. 남편은 회사에 있었던 터라 제가 직접 사인을 했습니다.

수술실의 차가운 공기 속에서 침대에 누워 마취를 기다리는데 갑자기 앞이 노랗고 눈물이 한 방울 흐르면서 '내가 죽으면 우리 아이는 어떡하지?' 하는 생각이 들더군요. 그때가 아이의 돌이 조금 지난 무렵이었습니다. 출산 직후에는 내가 낳은 자식이지만 왠지 낯설고 아기도 빽빽 울기만 하니까 데면데면한 것도 있었는데, 돌쯤 되니 점점 눈도 맞추고 시간도 보내면서 애정이 많이 싹텄어요. 마취제가 몸에 들어와 의식을 잃는 그 찰나의 순간에 '이러다 죽을 거면 아이는 낳지 말걸', '내 몸 하나 챙기지 못하면서 왜 여태껏 오지랖 넓게 남의 일에 참견했을까' 하는 오만 가지 생각이 들었습니다.

수술을 무사히 끝내고 제일 먼저 '반드시 건강해져야겠다'고 다짐했습니다. 저는 평생을 팔자 탓, 남편 탓, 자식 탓을 하는 삶에 찌든 홀어머니의 한을 들으면서 살았어요. 그래서 내 자식에게 집 한 채를 물려주는 것보다 건강하고 활기찬 엄마로 곁에 있어주는 것이 더 중요하다는 것을 압니다. 건강에 대한 절실함이 생겼죠.

저는 단지 예뻐지기 위해서 다이어트를 시작한 게 아닙니다. 물론 예뻐지면 좋죠. 그렇지만 그건 부수적인 것이고 진짜 목표는 튼튼한 몸, 건강한 삶입니다. 내 아이와 더 오래오래 잘 놀아주기 위해서 말입니다.

저처럼 수술대씩이나 오르지 않아도 여러분 역시 무언가를 꼭 지키고 싶은 절실함을 느낄 때가 있을 겁니다. 저는 아이와 눈을 마주칠 때마다, 사람은 지킬 것이 많을수록 강해진다는 말이 무슨 뜻인지 알겠더라고요.

그 순간을, 그 마음을 잊지 마세요. 그 결심으로 딱 100일만 노력하면 됩니다. 예전에는 없었던 강한 의지, 그것이 바로 엄마의 힘 아닐까요? 더도 말고 덜도 말고 딱 100일만 해봅시다!

마인드
점검

살을 빼고 싶은 이유는 무엇인가요?
'계단을 힘들지 않게 올라가고 싶다'와 같은
건강한 모습도 상상해봅시다.

다이어트를 하는 이유

내가 바라는 나의 건강한 모습

본격 다이어트 전 준비운동, 내 몸 바로 알기

건강을 챙겨야겠다고 결심한 뒤 제가 가장 먼저 한 일은 병원에 가는 것이었습니다. 아이 키우고, 일하느라 매일매일이 전쟁인 늙은 초보 엄마는 아파도 종합검진 한 번 할 생각을 못했습니다. 결국 요로결석으로 터진 거죠. 건강해지려면 일단 내 몸에 대해 잘 알아야겠다 싶어 제 발로 병원에 찾아갔습니다.

의사 선생님의 권유에 따라 유전자분석, 인바디, 만성음식알레르기 검사를 받았는데 결과는 참담했습니다. 저는 유전적으로 기초대사량이 낮은 편이었고, 몸 상태는 내장과 복부 비만으로 마른 비만 진단을 받았습니다. 더 충격적인 것은 만성음식알레르기 검사 결과였습니다. 이 검사로 제 몸에 가장 안 맞는 식품이 달걀흰자라는 것을 42년 만에 알게 됐습니다. 여태까지 다이어트 한다고 그렇게 흰자를 퍼먹었는데 말이죠. 빵순이를 자청하며 유명하다는 브런치 카페와 빵집은 다 찾아다녔는데 효모와 밀가루도 안 맞고, 그동안 남부럽지않게 맥주를 퍼마셨는데 보리도 안 맞는다더군요.

유전자분석과 만성음식알레르기 검사를 하면 내 몸에 피로를 주는 음식과 앞으로 발생하기 쉬운 질병을 알 수 있습니다. 음식이 질병을 유발한다는 걸 알고 나니까 자연스럽게 올바른 식단으로 연결되었어요.

적을 알고 나를 알아야 백전백승이라고 하잖아요? 다이어트도 마찬가지입니다. 제가 받은 검사가 아니더라도 보건소에서 진행하는 기초검사라도 꼭 받아보세요. 어떤 검사든 상관없습니다. 일단 내 몸에 대해 제대로 아는 것이 핵심이니까요.

마인드
점검

현재 내 몸에 대한 정보와
새롭게 알게 된 것들을 적어봅시다.

지금 나의 몸

몸무게

체지방

근육

비만도

사이즈

새롭게 알게 된 것들

다이어트 목표 및 계획 세우기

다이어트 동기도 점검했고, 내 몸도 확인했으니 이번엔 목표와 계획을 세워야 할 차례입니다.

저는 목표를 세울 때 체중은 크게 신경 쓰지 않았습니다. 남자들은 여자가 50kg이 넘으면 뚱뚱하다고 생각하는데 이게 가당키나 한 소리인가요. 툭 치면 부러질 것 같은 가느다란 팔다리의 아이돌 몸매가 아니라면 체중 앞자리에 4자를 다는 건 쉽지 않은 일이죠.

저는 마른 비만이었기 때문에 체중 감량보다 근력을 높이고 기초대사량을 올리는 것에 초점을 맞춰 건강한 몸을 만들려고 했어요. 그래서 체지방은 10kg 감량하고 근육은 3~4kg 키워서 전체 체중을 7kg 감량해 몸무게를 53~54kg으로 만드는 것을 목표로 잡았습니다. 근육이 있어야 탄탄한 몸매가 될 수 있고 기초대사량도 높아져서 먹어도 살이 잘 안 찌는 체질이 될 수 있거든요.

여러분도 검사를 통해 본인의 몸에 무엇이 부족하고 무엇이 과한지 알게 됐을 겁니다. 이에 맞춰 감량 목표를 세우면 돼요. 사실 이런 정보는 인터넷에서도 쉽게 찾을 수 있습니다. 체지방 나쁘다, 현대인에게는 근육이 필요하다 등 너무 자주 들어서 무감각해진 이야기이기도 하죠. 다 아는데 우리 몸에 적용을 안 할 뿐입니다. 교과서 위주로 예습, 복습을 철저히 하고 수업 시간에 집중만 잘해도 상위권 성적이 나온다는 선생님 말씀처럼 한 귀로 듣고 한 귀로 흘려버리는 게 문제죠.

다시 한 번 강조하자면 본인의 몸에 대해 제대로 아는 게 건강한 다이어트의 초석입니다. 이 돌을 잘 올려놓아야 그다음 돌인 목표와 계획도 제대로 세울 수 있어요.

구체적인 숫자가 있으면 변화를 더 잘 알 수 있으니까 저의 목표인 '체지방 10kg 감량, 근육 3kg 증가'처럼 여러분도 여러분의 목표 숫자를 넣어보세요. 몸무게 숫자는 말고요! 근육이 빠지는 것으로 체중을 감량하면 우리가 소망하는 탄탄한 몸매는 가질 수 없습니다.

워너비 몸매를 정하는 것도 좋은 방법이에요. 킴 카다시안 같은 연예인이 될 수도 있고, 902호 쌍둥이 엄마 같은 주위 사람이 될 수도 있죠. 누구든 좋습니다. 목표 몸매를 정하고, 그 몸매가 되기 위해 무엇을 해야 하는지 고민해봅시다. 킴 카다시안 같은 엉덩이를 원하면 스쿼트를 하루에 50개가 아니라 200개씩 해야겠죠?

저는 체중보다 사이즈를 중요하게 생각했기 때문에 '근육형 날씬 55'가 워너비 몸매였어요. 특히 먹어도 살찌지 않는 55사이즈! 그러려면 기초대사량을 20대처럼 1300 이상으로 만들어야 했어요. 다이어트 초반에 체지방을 감량하고 이후에 근육을 만든 것도 기초대사량을 높이기 위해서였습니다.

사실 엄마들이 바라는 건 44사이즈의 아이돌 몸매가 아니라 청바지에 티셔츠 입어도 예쁜 몸매, 납작한 배, 민소매 입어도 굴욕 없는 팔뚝 뭐 이런 거 아니겠어요? 우리가 아주 터무니없는 몸을 바라는 것도 아니니까, 목표를 세우고 계획을 짜고 성실히 이행하면 누구나 할 수 있습니다. 마흔세 살의 저도 했으니까 여러분도 할 수 있어요.

누가 뭐 해서 성공했다 하면 우르르 쫓아가고, 이게 효과가 좋더라 하면 다 몰려가고……. 이런 식으로 다이어트 하면 실패합니다. 각자에게 맞는 공부 방법이 있는 것처럼 다이어트도 각자의 방법이 있는 거예요.

자신의 몸 상태, 체력, 환경에 따라 유연하게 적용할 줄 알아야 합니다. 물론 제 다이어트법도 예외는 아니에요. 저는 이렇게 먹고 이렇게 운동해서 체지방 감량에 성공했지만 제 몸과 여러분의 몸이 똑같은 것은 아니니까 본인의 몸에 맞게 취사선택하셔야 합니다. 다이어트는 내 몸을 보살피는 일이지, 괴롭히는 일이 아니니까요!

마인드
점검

내가 바라는 워너비 몸매는 어떤 몸인가요?
그리고 그런 몸이 되려면 어떻게 해야 할까요?

나의 워너비

워너비로 가는 방법

왜 100일인가?

　임신과 출산, 모유 수유를 겪으며 약 1년 반을 요단강 건너 저 먼 곳으로 떠났던 몸을 출산 전 몸으로 되돌리려면 양심적으로 1~2주로는 안 될 것 같다고 생각했습니다. 아기도 태어나서 100일이 지나면 이제 사람들 앞에 내놔도 된다는 뜻으로 100일 잔치를 하잖아요. 그 정도의 시간은 필요하다고 생각했습니다.

　혹시 항상성이라는 단어를 들어보셨나요? 항상성은 환경의 변화와 상관없이 우리 몸의 상태를 일정하게 유지시키려는 성질을 말합니다. 체온이 36.5도로 유지되는 것도 항상성 덕분이죠. 이것은 체중에도 똑같이 적용됩니다.

　우리가 한번 70kg을 찍고 한동안 그 몸무게를 유지하면 우리 몸은 70kg을 유지하려고 합니다. 저는 만삭 때 70kg이었는데 이 몸무게로 6개월은 있었으니 제 몸은 이 상태를 정상이라고 인지하게 되는 것이죠. 하루이틀 굶어서 빼봤자 원래 몸무게로 돌아가려고 합니다.

　몸에 새로운 표준을 인식시키려면 최소 100일은 필요합니다. 100일 정도는 아무 생각 없이 먹던 것도 딱 끊고, 체지방 감량을 한 다음에 자신이 원하는 몸무게를 유지해줘야 해요. 저는 체지방 10kg을 빼는 데 40일 정도 걸렸어요. 그 후 60일 동안은 뭐하러 근육을 키우냐는 주변 사람들의 걱정 아닌 걱정을 들어야 했습니다. 다 빠졌는데 뭘 더 운동하냐고 말이죠. 그러다 죽는다고 한 사람도 있고요. 그러나 흔들리면 안 됩니다. 항상성을 유지하기 위해서는 최소 100일은 몸무게를 유지해줘야 합니다. 그래야 몸이 몸무게를 인지하기 시작하거든요. "아 나는 53kg이구나, 67kg이 아니라" 하고요.

놀러간 부산에서도 계속되는 아침 운동

　과체중의 몸무게를 유지하다가 급하게 살을 빼려고 굶으면 우리 몸은 오히려 체중을 유지하기 위해서 체지방을 축적하고 기초대사량을 떨어뜨립니다. 그러면 피곤해지고 폭식하게 되고, 악순환이 시작되죠.

　오죽하면 군인에게 100일 휴가를 주겠습니까? 사회에서 격리해 군대에 100일 정도는 있어야 군 생활에 적응을 하고 잠깐 휴가를 나가도 다시 군대로 복귀할 수 있다고 보는 거죠. 한 달만에 휴가를 내보내줘 봐요. 밖에서 맛있는 음식 실컷 먹고 여자친구 만나다가 돌아오면 군 생활이 하고 싶겠어요? 다 탈영하고 싶지. 뭐든 적응에 필요한 최소한의 숫자가 100일이라는 겁니다. 그래서 100일 다이어트. 첫 휴가가 100일 휴가인 이유를 믿어보자고요.

그리고 저처럼 성격이 급한 사람들에게도 100일은 해볼 만한 숫자입니다. 1년 또는 10년 계획이 딴나라 이야기처럼 들리는 사람들에게도 너무 길지 않은 현실적인 목표로 느껴지거든요. 위기가 찾아올 때면 "그래도 100일은 참자"하면서 마음을 다잡으세요. 딱 100일만 스스로를 사회와 고립시키고 다이어트에 집중합시다.

#할수있다 #다이어트 #곰도했는데 #100일만참자

 김해영 원장의 똑똑한 다이어트

항상성(homeostasis)이란 갑작스러운 외부 변화에 대항해 우리 몸이 현재의 일정한 상태를 유지하려는 것을 말합니다. 항상성에 기초한 체중 이론 중 하나가 세트 포인트(set-point) 이론입니다. 이 이론에 따르면 우리 몸이 70kg에 설정값이 맞춰질 경우 이보다 체중이 감소하면 배고픔을 느끼고 대사 활동이 느려집니다. 반면에 체중이 증가하면 배고픔을 줄이고 대사 활동을 올려 어느 쪽으로든 70kg을 유지하려고 합니다.

이 설정 체중은 뇌가 현재 신체를 구성하고 유지하는 데 필요하다고 생각하는 체중입니다. 뇌가 인식한 설정 체중에서 벗어나 몸무게를 감량하기 위해서는 급속하게 감량하는 것보다 지속적이고 계획적으로 접근하는 것이 바람직합니다. 그래야 몸에 무리도 없고 항상성으로 생기는 요요 발생 확률도 적기 때문입니다.

100일 다이어트 시작일과 종료일을 써봅시다.
대비가 필요한 중요 일정은 무엇이 있나요?

100일 다이어트 시작일

100일 다이어트 종료일

100일 기간 내 중요 일정

100일 다이어트의 가장 친한 친구, 하루 일기

다이어트는 건강을 위해 우리가 매일 해야 하는 숙제와 같습니다. 100일을 마친다고 해서 다시는 다이어트를 고민하지 않아도 되는 건 아니에요. 365일 중에 다이어트 하는 100일이 학기고, 나머지 265일은 방학이라고 생각하면 좋을 것 같습니다.

학창시절을 떠올려보면 학기 중에 혼자 공부하는 습관을 잘 들여놓은 친구들이 방학 때 틈틈이 놀면서도 숙제를 밀리지 않고 잘 하잖아요. 다이어트도 마찬가지입니다. 100일 동안 습관을 잘 들여놓으면 265일은 자유롭게 생활해도 요요가 오지 않아요.

습관을 들이는 방법으로 저는 일기를 선택했습니다. 매일매일 스스로를 점검할 수 있는 가장 쉬운 방법이거든요. 특히 SNS를 적극적으로 활용했는데 하도 여기저기 떠들어대서 창피해서라도 중간에 그만두기 어렵다는 장점이 있더군요. 그리고 주변 사람들도 '아 얘는 지금 다이어트 중이지? 술 먹자고 번개 치면 안 되겠군' 하고 인지하게 됐고요.

앞으로 오른쪽 페이지에 여러분의 100일 다이어트 일기를 써보세요. 매일매일 스스로를 점검하면, 여러분도 건강하고 날씬한 몸을 만드는 습관을 가질 수 있습니다.

#방학숙제 #개학전날 #몰아쓰던버릇 #개나줘버려

책임을 다하려면 타인과의 약속을 지켜라.
성공하고 싶다면 당신 자신과의 약속을 지켜라.
- 마리 폴레오

오늘의 음식

오늘의 운동

#내일의 다짐

'엄마라서 안 돼'가 아니라 '엄마라서 가능한' 다이어트

집안일에 육아에…… 엄마가 되고 보니 '내가 이렇게 열심히 살았던 적이 있었나' 싶을 정도로 정말 하루 24시간이 모자라더군요. 라디오 생방에 녹음 방송까지 6시간 내내 떠들고 집에 들어와, 잠시 앉아 있을 틈도 없이 식사 준비를 해야 했습니다. 한쪽 다리에 엄마가 반가워서 매달려 있는 아이를 달고도 눈 한 번 맞추지를 못했어요. 장 본 것들을 상하지 않게 빨리빨리 냉장고에 넣는 게 더 급한 시간들이었죠.

그러다 보니 엄마들은 다이어트 하기 힘들다는 소리가 절로 나옵니다. 분명 엄마이기 때문에 생기는 단점이 있습니다. 하지만 언제까지 탓만 하고 있을 수는 없어요. 단점을 장점으로 전환시키려는 자세가 필요합니다.

가장 큰 장점은 엄마라서 모든 게 용서된다는 것이죠. 술 마시는 모임에 빠질 때 아이가 아직 어려서, 아기가 좀 아파서 오늘은 못 갈 것 같다고 말하면 사람들은 그러려니 합니다. 저는 이런 걸 적극 활용했습니다.

육아 용품의 도움도 많이 받았습니다. 휴대용 분유통에 하루 치 견과류를 넣어 다녔고, 일회용 분유 저장팩에 프로틴 파우더를 담았죠. 프로틴 쉐이커는 밖에서 설거지하기도 힘들고 여름에는 휴대할 때 냄새도 나기 때문에 따로 안 챙기고 대신 입구가 넓은 병에 담긴 생수를 샀어요. 물을 3분의 1 정도 마시고 프로틴 파우더를 타 마시는 것으로 한 끼 식사를 대신하기도 했습니다.

저에게 댓글로 독박 육아맘이 어찌 다이어트를 하냐며 푸념 아닌 푸념을 하는 분도 많아요. 당연히 힘들죠. 하지만 태어나서 처음 해보는 '엄마'라는 역할이 주는 책임감을 십분 발휘해 늘어지게 잘 수도 여유롭게 12첩 반상을 차려두고 즐기며 식사할 수도 없는 상황을 역으로 이용해보세요.

어차피 장을 거의 엄마가 보니까 이유식과 다이어트 식단을 한 번에 해결할 수도 있습니다. 상황을 바꿀 수 없다면 '식단이라도' 반드시 나를 위해 바꾸어야합니다. 아이 때문에 피곤하다는 핑계로 영양가는 없는데 칼로리만 높은 달다구리로 끼니를 때우지 말고, 육퇴 핑계로 매일 야식에 맥주 마시지 말고, 아이과 함께 건강한 밥을 드세요. 아이가 채소와 건강한 식단을 먹게 하는 최고의 방법 역시 바로 '엄마가 같이 먹는 것'입니다.

견과류를 넣어 다녔던 아기 분유통

프로틴 파우더 보관용으로 사용한
일회용 분유 저장팩

엄마라서 가능한 다이어트라는 게 분명 있습니다. 아기를 재우기 위해서 유모차를 끌고 나가 한 시간씩 걷는 것도 엄마이기 때문에 가능한 다이어트죠. 20kg에 육박하는 3단 트랜스포머 유모차를 끌고 씩씩대며 언덕을 오르게 되는 것도, 잠투정하는 아기를 재우기 위해 등에 업고 나가 한 시간씩 돌아다니는 것도 엄마들의 다이어트죠.

피할 수 없으면 즐겨야 합니다. 상황을 탓하며 다이어트가 불가능하다고 스스로에게 최면을 걸지 마세요. 지금 상황에서 가능한 다이어트 방법을 찾는 게 훨씬 바람직한 자세입니다.

아들 도시락 통에 챙겨 다녔던 점심 도시락

게으름은 즐겁지만 괴로운 상태다.
우리는 행복해지기 위해서 무엇인가 하고 있어야 한다.
– 마하트마 간디

오늘의 음식

오늘의 운동

#내일의 다짐

● 다이어트 상담소

Q 언제부터 다이어트 해도 돼요?

Ⓐ   제가 제일 많이 받은 질문 중 하나입니다. 다들 출산 후에 언제
부터 운동을 시작해도 좋은지 물어보시는데 이건 정말 사람에 따라, 상
황에 따라, 체질에 따라 다릅니다.

저는 아이 돌 지나고 시작하려던 다이어트가 이래저래 늦어져서 결
국 출산 후 16개월이 지나 본격적인 운동과 함께 식단 관리를 시작했습
니다. 육퇴 후 한잔을 핑계로 마구 시키던 온갖 배달 음식을 서서히 줄
여나갔고요. 그래도 꼭 한마디 보태자면 단유 후부터 시작할 것을 권합
니다.

저는 마음이 급해서 무리하게 운동을 시작하는 것은 추천하지 않습
니다. 우리 몸은 오래 써야 하니까 아껴주자고요. 출산한 지 얼마 안 됐
다면 격한 운동보다는 식단 조절부터 시작하고, 컨디션 봐서 유모차를
끌고 동네 산책부터 살살 다녀보세요. 일단은 마구 먹던 습관을 끊고 대
신 몸을 움직이는 연습을 하고 다이어트를 시작하는 게 좋습니다.

지금 적극적으로 실행되는 괜찮은 계획이
다음 주의 완벽한 계획보다 낫다.
- 조지 S. 패튼

오늘의 음식

오늘의 운동

#내일의 다짐

살 빼기의 첫 단추, 식단 관리

건강한 다이어트의 핵심은 무조건 체중을 줄이는 게 아니라 '체지방'을 줄이는 겁니다. 그리고 체지방 감량의 핵심은 식단 관리고요. 적게 먹어야 한다는 말이 아니라 건강한 음식으로 제대로 먹어야 한다는 말입니다. 그러면 유산소운동만 해도 체지방이 잘 빠져요.

저는 모유 수유를 하면서 아이를 위한다는 핑계로 먹고 자고를 무한 반복하고, 탄수화물을 과다 섭취했으며 스트레스 받으면 젖이 안 나온다면서 죄의식 없이 매일 군것질을 달고 살았습니다. 단유 후에는 신이 나서 그동안 참아온 시원한 맥주를 매일 부어라 마셔라 들이켰고, 닭발이나 불닭 같은 맵고 짠 안주를 매일 곁들여 먹었습니다. 먹다 매우면 또 달달한 아이스크림을 두 개씩 먹고 자고……. 한마디로 술과 안주에 찌든 사람이었죠. 만약 이와 비슷한 생활을 하시는 분이라면 일단 안주류만 끊어도 눈에 띄는 효과가 나타날 거예요. 제 경우에는 두 달 정도 식단을 유지하니까 체지방이 금방 줄어들더라고요.

갑자기 끊기 아쉬울 테지만 일단 결심을 했다면 과감히 끊어야 합니다. 저는 눈앞에 있으면 먹고 싶을까 봐 집에 있는 과자들을 싹 다 버렸어요. 해외 출장다니며 신랑이 하나씩 사다준 귀한 초콜릿과 고급 쿠키도 눈물을 머금고 다이어트 시작하던 날 몽땅 들고 나가 주변에 나누어 주었습니다. 매일 마시던 맥주는 탄산수로 바꿨고요. 전에는 치킨에 맥주였으면 100일 동안은 닭가슴살에 탄산수였죠. 딱 10분만 참고 씹다 보면 넘어가져요. 명심하세요, 식단 관리 없이 먹고 싶은 음식 다 먹고 그냥 운동하면 '건강한 돼지'밖에 되지 않습니다.

#다이어트기본원리 #먹고싶은거참고 #하기싫은거참고 #덜도말고더도말고 #딱100일!!

간단하다,
흔들리면 그것은 지방이다.
– 아놀드 슈왈제네거

오늘의 음식

오늘의 운동

#내일의 다짐

세 가지 흰색 가루 끊기

그렇다면 체지방 커팅을 위한 식단 관리는 어떻게 하는 걸까요? 딱 세 가지만 끊으면 됩니다. 밀가루, 소금, 설탕. 일명 세 가지 흰색 가루 3W(white)요.

저는 엄청난 빵순이었는데 밀가루를 끊기 위해 빵을 멀리하고 심지 어 면도 안 먹었습니다. 체지방 10kg 감량한 후에 통밀빵 한 번 먹고, 파스타가 먹고 싶을 때는 집에서 현미 파스타를 해 먹었죠. 아예, 완전, 딱 끊으면 가장 좋지만 그게 힘들다면 대체할 식품을 찾아보세요. 찾아 보면 맛도 좋고 건강에도 좋은 음식이 많이 있습니다.

소금은 염분 섭취를 해야 해서 아예 끊는 것이 불가능하기 때문에 차 선책으로 국물을 먹지 않기로 했습니다. 우리나라는 한 끼 식사에 국물 이 기본인데 이 국물이 전부 염분이에요. 그래서 저는 100일 동안 국을 안 끓였습니다. 아주 저염식으로 만든 이유식용만 빼고요. 이유식으로 맑은순두부탕, 시금치된장국 같은 걸 많이 했는데 요리할 때 소고기나 두부 같은 단백질 음식을 많이 넣어서 아이랑 저랑 같이 먹었습니다.

밖에서 밥을 먹을 때도 국이나 찌개, 찜 요리는 되도록 피했고, 정말 먹고 싶을 때는 젓가락으로 건더기만 건져 먹었어요. 건더기만으로도 충분히 맛을 느낄 수 있고 아예 안 먹는 것은 아니니까 스트레스 관리 에도 도움이 됩니다.

의외로 끊기 쉬웠던 것은 설탕이었습니다. 설탕이 들어가는 요리를 할 일은 거의 없지만 꼭 넣어야 한다면 스테비아나 코코넛슈가를 넣었 습니다.

워낙 과일을 좋아해서 과일 끊는 것이 조금 어려웠는데 과일을 방울

밀가루, 소금, 설탕 없이 완성한 다이어트 음식

토마토, 아보카도 등 채소로 대체했어요. 과일도 당이고 탄수화물이니까 다이어트 기간 동안은 단호하게 딱 끊으세요 .

#그래서 #단호박 #과일은살안쪄요 #내가쪄요

 김해영 원장의 똑똑한 다이어트

과일은 극단적으로 말하면 예쁜 과일 사탕이라고 생각하면 됩니다. 우리 몸에 좋은 비타민과 미네랄도 포함하고 있지만 당분이 많아 다이어트 기간에는 추천하지 않습니다. 과일을 완전히 끊는 것이 어렵다면 혈당 수치에 영향을 적게 주는 자몽과 딸기, 라즈베리, 블루베리와 같은 베리류를 섭취하는 것을 추천합니다.

하얀 음식은 절대 먹지 않아요.
그건 독이니까요.
- 미란다 커

오늘의 음식

오늘의 운동

#내일의 다짐

식사량을 줄이는 밥 먹는 순서

식사할 때 어떤 순서로 먹는지 알고 있는 분 있나요? 아마 대부분 잘 모르실 거예요. 그날그날 식탁에 올라온 메뉴 중에서 가장 끌리는 것에 젓가락이 먼저 가기 마련이니까요.

앞으로 100일 동안은 무슨 음식을 먹어도 다음 순서를 꼭 지키도록 합시다. ❶ 풀 먼저 먹고 고기 먹기, ❷ 단백질 먼저 먹고 탄수화물 먹기. 많이 먹어야 하는 것을 먼저 먹어서 배를 좀 채운 다음에 적게 먹어야 하는 것들을 먹는 거죠. 이 두 가지만 지키면 포만감을 빨리 느낄 수 있습니다. 채소는 식이섬유가 많기 때문에 같은 양의 단백질이나 탄수화물 식품보다 포만감을 빨리 느끼게 만들어요.

탄수화물은 보통 밥으로 섭취하는데 3W 끊기가 익숙해지면 흰밥도 끊어보세요. 저는 흰밥 대신 100퍼센트 현미밥을 먹었는데 꼭꼭 씹어먹다 보니 더 구수하고 오히려 맛있게 느껴지더라고요.

기억하세요, 풀과 단백질 먼저! 꾸준히 이 순서로 식사하다 보면 자연스럽게 식사량은 줄어들기 마련입니다.

#밥남기면 #지옥가서다먹어야된대 #그럼넌 #죽어서또굶어죽겠지 #당최밥을안남겨서

미친 짓이란, 똑같은 일을 반복하면서
다른 결과를 기대하는 것을 말한다.
- 알버트 아인슈타인

오늘의 음식

오늘의 운동

#내일의 다짐

절대 굶지 않는 것이 포인트

다이어트를 할수록 잘 먹어야 합니다. 절대 굶지 말고요. 다이어트를 시작하니까 생리불순이 생긴다고 고민하는 분이 많은데 그건 '굶어서' 생기는 거예요. 건강식으로 야채 듬뿍, 고단백에 좋은 탄수화물을 먹잖아요? 오히려 생리도 규칙적으로 변하고, 몸 자체가 깨끗해지는 느낌이 듭니다. 피부도 좋아지고요. 다이어트 중 생리불순이 왔다는 건 영양소를 제대로 챙겨 먹지 않았다는 뜻입니다.

굶어서 살을 빼면 빠져야 할 지방이 빠지는 게 아니라 수분이 빠져요. 그래서 얼굴이 패이기 십상입니다. 다시 식사를 시작하면 요요 현상이 오고 심지어 더 뚱뚱해지는 경우도 있죠.

저는 아들이 워낙 활동적이라서 아들 쫓아다니려면 소식은 절대 불가능했어요. 그래서 메뉴 선정과 염분 조절을 깐깐히 하되 고단백 위주로 채소와 함께 배고프지 않을 만큼 양껏 먹었습니다. 채소는 변비도 예방하고 금방 포만감을 줍니다. 일석이조란 말씀.

이제 배고프면 손 떨리는 나이라 굶는 다이어트는 절대 비추입니다. 절대 다이어트 한다고 무작정 굶거나 끼니를 거르지 마세요.

#굶으면 #손떨리는나이

지금 있는 곳에서 시작하라.
가지고 있는 것을 활용하라. 할 수 있는 일을 하라.
– 아서 애시

오늘의 음식

오늘의 운동

#내일의 다짐

간식은 틈틈이, 죄책감 없이 먹자

허기에 지쳐 폭식하는 것을 가장 경계했기 때문에 간식도 잘 챙겨 먹었습니다. 하지만 초콜릿이나 과자 같은 건 전혀 안 먹었습니다. 과일도 정 먹고 싶으면 오전에 사과 한 쪽만 먹고 이후에는 안 먹었고요(처음엔 두 쪽으로 시작했는데 당분 없는 삶에 익숙해지니 한 쪽만 먹어도 충분하더군요). 대신에 달달한 간식이 먹고 싶을 때는 견과류나 방울토마토, 당근 같은 채소를 씹으면서 달랬습니다. 설탕을 끊으니까 약한 단맛도 잘 느껴져서 나중에는 당근도 당근 케이크만큼 달달하니 맛있어지더라고요. 처음 3주가 힘들지 한 달만 지나도 과일 먹고 싶은 마음이 별로 들지 않더군요.

다이어터들의 간식으로 제일 좋은 것은 오이, 당근, 양배추입니다. 저렴하거든요. 비싸면 부담스럽잖아요. 100일 동안 오이, 당근, 양배추는 항상 집에 있었습니다. 방울토마토도 늘 굴러다니게 했죠. 먹을 게 없으면 오이나 당근을 깎아 먹고, 양배추는 모든 음식에 때려 넣었어요. 양을 불리는 데 양배추만 한 것이 없습니다. 양배추 데쳐서 현미밥에 쌈으로 먹고, 볶음에도 넣고, 너무 배고플 때는 물에 휘휘 씻어서 생으로도 먹었습니다. 너무 훌륭한 아이들이죠.

간식으로 방울토마토와 간이 안 된 견과류도 한 줌씩 가지고 다녔어요. 덕분에 이동하거나 일 중간에 허기질 때 오도독오도독 씹어먹으며 위기를 넘겼습니다. 무조건 주전부리를 끊겠다고 생각하지 마세요. 그러면 오히려 스트레스 받아서 더 먹고 싶어집니다. 간식은 틈틈이 죄책감 없이 먹되 건강한 음식들로 먹으면 됩니다.

#오당양토 #다이어트친구들 #고마워얘듀라

완벽함을 기다리는 것은 한 걸음 내딛는 것보다
결코 더 영리하지 않다.
- 세스 고딘

오늘의 음식

오늘의 운동

#내일의 다짐

칼로리 계산에 집착하지 마라

경험상 다이어트를 할 때 신경 쓸 것이 많으면 그만큼 빨리 실패하게 되더라고요. 100일 동안 지치지 않고 다이어트를 하려면 핵심적인 규칙 몇 개를 정하고 그것에만 집중해야 합니다. 저의 경우에는 3W 끊기, 허기 느끼지 않게 하루 네 끼 먹기가 핵심적인 식습관이었어요.

그래서 식단 조절을 할 때 칼로리 계산을 꼼꼼하게 하지 않았습니다. 몇 그램에 몇 칼로리를 계산하기보다 고단백 저탄수, 신선한 야채 듬뿍, 물 듬뿍에 집중했지요.

식사를 준비할 때도 정확히 계량하면 준비 과정에서 쉽게 피로를 느껴 포기하기 쉬우니 반 공기, 한 주걱, 한 덩이처럼 제가 쓰기에 편한 기준을 사용했습니다.

작은 것에 집착하기 시작하면 100일을 유지하기 어렵습니다. 칼로리를 하나하나 계산하며 스트레스를 받지 말고, 건강한 음식으로 양껏 드세요. 언제나 단순한 게 이기더라고요.

#그렇다고설마 #양껏 #고기먹기있기없기 #소는살안쪄요 #내가쪄요

당신이 할 수 없는 일이
할 수 있는 일에 지장을 주게 하지 마라.
- 존 R. 우든

오늘의 음식

오늘의 운동

#내일의 다짐

● 다이어트 상담소

Q 이유식 하면서 어떻게 식단을 지킬 수 있죠?

Ⓐ 식단을 관리한다고 하니까 아기 이유식은 어떻게 해결하냐고 묻는 분이 정말 많았습니다. 마침 제가 다이어트를 할 때가 이유식 시기였습니다. 장을 볼 때 아이 음식과 제 음식을 한 번에 해결할 수 있는 음식 위주로 재료를 준비했어요.

많은 분이 어려워하는 것과 달리 저는 오히려 훨씬 쉬웠어요. 아이 음식은 거의 다 저염식이니까요. 저는 카레를 좋아하는 편인데 시중에서 판매하는 카레 가루에는 염분도 많고, 첨가물도 많아서 아기용 카레 가루로 카레를 만들어 먹었어요.

아이 식사나 간식 만들 때 3W 안 쓰고 신선한 채소를 듬뿍 넣어서 만들면 됩니다. 이걸 넉넉히 만들어서 저도 같이 먹고 부족한 단백질은 닭가슴살이나 두부, 기름기 없는 고기를 추가해서 먹으면 좋거든요.

다음 장부터 제가 안선영 100일 다이어트 할 때 자주 해 먹었던 '아이 밥 엄마 밥 한 번에 해결하는 레시피'를 알려드릴게요. 바쁜 엄마들의 시간 관리에 도움이 되길 바랍니다!

아는 것만으로는 충분하지 않다. 실천해야 한다.
의지만으로는 충분하지 않다. 해야 한다.
- 이소룡

오늘의 음식

오늘의 운동

#내일의 다짐

아이 밥 엄마 밥 한 번에 해결하는 레시피 1

맑은순두부탕

#요리하나로 #3인가족한끼 #뚝딱해결

재료 **콩순두부, 양파, 애호박, 달걀, 파,
청양고추, 신 김치**

1 냄비에 마른 멸치나 육수용 다시팩 하나를 넣고 팔팔 끓인다.

2 멸치 또는 다시팩을 건져내고 냄비에 콩순두부(초당순두부는 짭짤해서 비추) 한 팩
과 잘게 썬 양파, 애호박(또는 얇막하게 썬 단호박)을 넣고 한소끔 끓인다.

3 찬물과 달걀을 1:1로 섞은 달걀물을 투척!

4 아기용 국간장 한 스푼을 넣고, 끓으면 한 국자 뜬다. → 아이 밥

5 냄비에 잘게 다진 파(없으면 쪽파나 부추도 ok)와 청양고추를 넣어 심심한 맛을 보
완하고 건더기 위주로 한 그릇 뜬다. → 엄마 밥

6 남은 국물에 신 김치를 잘게 다져넣고 한 번 더 바글바글 끓인다.
    → 남편용 신 김치 순두부탕

공을 차지 않으면
골인은 100퍼센트 불가능하다.
– 웨인 그레츠키

오늘의 음식

오늘의 운동

#내일의 다짐

아이 밥 엄마 밥 한 번에 해결하는 레시피 2

시금치된장국

#완전기본음식 #남편이바라는국물음식 #우리는건더기위주로

재료 **시금치, 두부, 소고기, 아기용 된장,
양파, 호박**

1   멸치와 건해물을 넣고 끓이다가, 육수가 우러나면 멸치와 해물을 건져낸다.

2   육수에 아기용 된장 한 스푼을 풀어준다.

3   참기름에 볶아 아기 간장으로 간을 한 소고기(혹은 삶은 렌틸콩)를 넣고 끓인다.

4   깨끗이 손질해 한입 크기로 잘라둔 시금치와 깍둑썰기한 두부를 넣고 끓인다.

5   팔팔 끓으면 한 국자 덜어낸다. ─→ 아이 밥

6   고춧가루와 청양고추, 양파와 호박(각종 채소 ok)을 넣고 한소끔 더 끓인다.
　　 ─→ 두부와 채소 위주로 한 그릇 건져 현미밥과 함께하면 엄마 밥

우리의 모든 꿈은
우리가 그것을 추구할 용기만 있다면 이뤄진다.
- 월트 디즈니

오늘의 음식

오늘의 운동

#내일의 다짐

아이 밥 엄마 밥 한 번에 해결하는 레시피 3

스크램블에그

#아침밥차려주고 #남은온갖채소 #때려넣은

재료 **달걀, 각종 채소, 우유, 어린이 치즈**

1 이유식 만들고 남은 갖은 채소(다진 양파, 당근, 애호박, 파프리카, 버섯 등)를 올리브유를 두르고 볶는다.

2 달걀 두 알을 우유 또는 생수에 1:1 비율로 넣고 푼 뒤, 약한 불에 나무젓가락으로 휘휘 저어가며 익힌다.

3 뜨거울 때 떠서 어린이 치즈를 손으로 잘라 얹어준다. →아이 밥

4 남은 스크램블에그에 후추 또는 핫소스를 살짝 뿌려준다. →엄마 밥

인생이란 내게 일어난 10퍼센트의 일과
일어난 일에 대한 나의 반응 90퍼센트로 이루어진다.
- 찰스 스윈돌

오늘의 음식

오늘의 운동

#내일의 다짐

아이 밥 엄마 밥 한 번에 해결하는 레시피 4

소고기두부스테이크

#아이에게우엉먹이는법

재료 **두부, 우엉, 소고기 안심, 팽이버섯, 청양고추, 양파**

1 물기를 뺀 두부를 길게 다섯 조각으로 자른다. 두부에 들기름을 바른 후 프라 이팬에 노릇해질 때까지 굽는다.

2 우엉은 얇게 채를 썰고 소고기 안심은 먹기 좋은 크기로 썬다. 우엉과 팽이버 섯, 소고기를 맛간장, 참기름, 들기름, 다진 마늘과 함께 버무린 후 간이 배도 록 약 5분 동안 놔둔다.

3 간이 밴 우엉과 팽이버섯, 소고기를 프라이팬에서 다 익을 때까지 볶는다.

4 두부 위에 3번을 보기 좋게 얹고 깨소금을 뿌린다. →아이 밥

5 다진 청양고추와 얇게 채 썬 양파를 토핑처럼 얹어 먹는다. → 엄마 밥

만족은 결과가 아니라 과정에서 온다.
- 제임스 딘

오늘의 음식

오늘의 운동

#내일의 다짐

아이 밥 엄마 밥 한 번에 해결하는 레시피 5

렌틸콩카레

#다이어터의친구렌틸콩 #아기용카레가루짱

재료 **렌틸콩, 아기용 카레 가루, 우유, 양파 및 각종 채소**

1 렌틸콩을 찬물에 씻어서 30분 정도 불린 후 냄비에 넣고 끓인다.

2 물이 끓기 시작하면 15분을 더 끓인 후 체에 걸러 식힌다.

3 다진 양파를 버터나 올리브오일과 함께 약한 불에서 살짝 갈색이 돌 때까지 볶는다(닭가슴살이나 소고기를 추가해도 ok).

4 3번에 우유와 아기용 카레 가루를 넣고 끓인다.

5 4번에 식힌 렌틸콩을 넣고 약 5분 더 끓인다. → 아이 밥

6 닭가슴살을 올리브유로 노릇하게 구운 닭가슴살 스테이크나, 두부를 약불에서 들기름으로 구운 두부 스테이크를 추가해서 먹는다. → 엄마 밥

쉽지 않아도 좋아요, 가능성만 있다면.
- 영화 〈소울 서퍼〉

오늘의 음식

오늘의 운동

#내일의 다짐

아이 밥 엄마 밥 한 번에 해결하는 레시피 6

고단백잔치국수

#면이너무너무먹고싶을때 #밀가루말고쌀국수면

재료. **현미국수**(또는 100퍼센트 쌀면), **숙주, 부추, 달걀, 두부채**

1　면은 손가락으로 하나 굵기 정도만 삶아서 3분의 2는 아이에게 주고, 3분의 1
　　은 엄마 몫으로 덜어놓는다.

2　멸치로 육수를 낸 후 아기 국간장을 밥 숟가락 반 스푼만 넣는다.

3　손가락 길이로 손질해서 다듬어 둔 숙주와 부추를 육수가 끓을 때 넣는다.

4　육수가 끓으면 풀어둔 달걀과 두부채를 넣고 한소끔 더 끓인 뒤 아주 소량의
　　면을 넣고 끓인다. → 아이 밥 & 엄마 밥

사람은 걷는 규칙을 배워서 걷지 않는다.
걸음을 시도하고, 넘어지면서 배운다.
- 리처드 브랜슨

오늘의 음식

오늘의 운동

#내일의 다짐

● 다이어트 상담소

Q 애 엄마가 다이어트 해도 이기적인 건 아니겠죠?

ⓐ 물론 아니죠. 저도 늦깎이 엄마이다 보니 아이가 너무 소중하고, 옆에 없으면 큰일이 날 것만 같아서 무조건 곁에 있으려고 했어요.

그런데 우리가 아이 곁을 24시간 지킨다고 아이가 더 행복해질까요? 어느 순간 이게 다 내 욕심 같다는 생각이 들었습니다. 저 혼자 희생하고 있다고 생각하니까 가족에게 짜증도 많아지고, 아이에게도 밝은 모습 대신 스트레스 가득한 모습을 보여주고 있더라고요. 이 상황을 어떻게든 해결하고 싶은 마음은 있었지만 아무것도 시도하지 않고 그냥 매일 반복되는 하루를 버티듯이 살았어요.

지금은 육아는 양보다 질이라고 생각합니다. 건강하고 생기 있는 엄마, 자존감 높은 여자, 스스로 행복할 줄 아는 사람이 되기로 마음먹고 운동과 일을 시작한 뒤로 아이와 보내는 시간이 더욱 소중하게 느껴져서 짬을 내어 놀아주는 시간도 행복하게 느껴져요.

아이를 다른 사람에게 맡기고, 어지럽혀진 거실을 뒤로하고 운동하러 나가겠다고 다짐하기가 쉽지 않은 것은 당연합니다. 하지만 행복한 엄마가 좋은 엄마라고 굳게 믿고 남들의 시선이나 육아 방식에 신경 쓰지 마세요. 엄마이되 나 자신을 잃지 않고 아이가 아닌 내가 주인이 될 때 아이도 더 행복해진다는 걸 잊지 말자고요.

#스스로행복한엄마가 #아이를행복하게한다

자신을 위해 시간을 할애하고도 죄책감을 느끼지 말아야 한다.
우리의 삶이 끝나는 날까지 언제나 우리와 함께 있을 것이 확실한 단 한 사람은
다른 그 누구도 아닌 바로 자신이라는 것을 생각하면 더더구나 그렇다.
— 안 안설렝 슈창베르제, 『차마 울지 못한 당신을 위하여』

오늘의 음식

오늘의 운동

#내일의 다짐

묻지도 따지지도 않고 집 앞 헬스장에 등록한 이유

우리가 다이어트를 시작하면 무슨 의식처럼 헬스장에 등록하잖아요? 저도 마찬가지였습니다. 일단 헬스장에 등록했어요. 몇 년 만에 제대로 운동하는 거라 PT도 함께요. 그때는 수입이 0원이어서 적지 않은 금액의 PT가 부담스럽게 느껴졌습니다. 그렇지만 운동법도 제대로 모르고, 딱 100일만 할 거니까 투자하자는 마음으로 쌈짓돈을 털어 등록했습니다. 돈이 아까워서 더 열심히 운동하게 되더군요.

100일이나 다녀야 하는 곳이니 신중하게 선택했을 것 같지만 그렇지 않았습니다. 그냥 집에서 가깝고 제가 자주 다니는 길에 있는 곳을 선택했어요. 물론 트레이너 선생님, 시설, 가격 모두 중요하지만 가장 중요한 것은 '거리'라고 생각합니다. 안 그래도 헬스장에 가지 않을 이유가 끊임없이 생기는데 거기에 '멀다'까지 추가할 필요는 없으니까요.

운동하고 있는데 혹시라도 집에 무슨 일이 났다고 하면 언제든 뛰어갈 수 있을 정도의 거리에 있는 곳으로 등록하세요.

경제적으로 또는 시간적으로 여유가 없으신 분들은 제일 자주 지나다니는 집의 어느 한 구석을 본인의 헬스장으로 딱 지정하세요. 그리고 운동하시면 됩니다. 요즘 워낙 홈트 영상이 많고 잘 되어 있으니까 집에서 운동하는 것도 어렵지 않아요. 운동을 매일 하겠다는 의지를 가지고 운동을 할 수 있는 환경을 만드는 것이 중요합니다.

#세상에서가장먼거리 #누운자리에서일어나 #운동화신기까지의거리

변화에서 가장 힘든 것은 새로운 것을 생각해내는 것이 아니라
이전에 가지고 있던 틀에서 벗어나는 것이다.
- 존 메이너드 케인즈

오늘의 음식

오늘의 운동

#내일의 다짐

하루 한 시간 공복 유산소

체지방 감량에 가장 효과적인 운동은 공복 유산소운동입니다. 공복 유산소는 말 그대로 아침에 일어나자마자 공복 상태에서 하는 유산소 운동을 말합니다. 보통 빠르게 걷거나 사이클을 타는데 최소 40분은 해야 해요. 그래야 지방이 타거든요.

헬스장에 등록하지 않은 분들은 집 근처에 있는 공원이나 운동장을 뛰면 됩니다. 이것만 제대로 해도 체지방이 효과적으로 빠집니다. 저도 PT를 받기는 했지만 근육을 만드는 시기에 근력운동을 집중해서 했고, 초반에는 공복 유산소를 중심으로 운동했습니다. 빼먹지 않고 공복 유

세수도 못하고 공복 유산소 하러 출발

산소를 가기 위해 화장실 앞에 운동복을 갖다 두고 자기도 했어요. 다음 날 아침에 일어나자마자 화장실에 가서 바지 내린 김에(?) 운동복으로 갈아입으려고요. 그러고 나서 연예인이고 나발이고 세수도 안 하고 가글만 하고 헬스장에 갔습니다. 씻고 물소리 나면 아이가 깨고 치대고 안길 것 같았거든요. 아이가 깨기 전에 빨리 헬스장에 가서 유산소운동을 하고 오곤 했습니다.

헬스장 오픈하자마자 1등으로 도착

공복 유산소를 해야 한다고 하면 다들 착각하는 것이 있어요. 아침에 일어나서 공복 상태로 있다가 아무 때나 가서 유산소운동을 하면 된다고 생각하시는데 그건 공복 유산소가 아닙니다. 눈 뜨자마자 바로 유산소운동을 하면 지방을 태우는 데 효과적이지만, 운동 시작 전에 공복이 한 시간 이상 지난 상태라면 오히려 근육이 빠집니다. 제가 왜 집 앞에 있는 헬스장에 등록하라고 했는지 아시겠죠? 꼭 아침에 일어나자마자 갈 수 있는 거리로 선택하세요.

아침에 시간이 없어서 공복 유산소를 놓쳤다면 일단 식사를 하고 소화를 시킨 뒤 운동을 가세요. 이때는 근력운동을 먼저하고 유산소운동을 하는 것이 지방을 태우는 데 더 좋습니다.

저는 100일 동안 매일 공복 유산소운동을 하려고 노력했어요. 물론 근력운동과 유산소운동을 함께하면 제일 좋지만, 시간이 허락하지 않는 날에도 체지방 감량 시기에는 공복 유산소만이라도 꼭 챙기려고 했습니다. 100일 동안 공복 유산소를 지키는 것이 어렵다면 초반 30일만이라도 노력해보세요. 내 몸에서 군살이 사라지는 것을 느낄 수 있을 겁니다.

#U #산소야 #내지방좀태워줘 #활활

 김해영 원장의 똑똑한 다이어트

공복 유산소운동은 축적된 지방을 에너지원으로 활용해서 쓰기 때문에 지방을 태우는 데 효과적입니다. 또한 오전에는 자연적으로 교감신경이 항진되는데 교감신경은 체지방 분해에도 도움이 됩니다.

아침에 일어나자마자 유산소운동을 하기 힘들다면 가벼운 음식 섭취 후에 운동을 해도 체지방 감량 효과가 있으니 하루 중 언제라도 꼭 하기를 추천합니다.

심장혈관계 질환이 있는 사람의 경우, 이른 아침에 운동하는 것이 무리가 될 수 있으니 오후나 이른 저녁에 운동하는 것을 추천합니다.

또, 운동을 하기로 결심했다면 일주일에 최소 150분 이상, 중간 강도 이상으로 하는 것이 좋고, 여유가 된다면 300분 정도 운동하는 것을 권장합니다.

삶의 질은 삶에서 하고 있는 활동으로 결정된다.
– 아리스토텔레스

오늘의 음식

오늘의 운동

#내일의 다짐

운동은 일단 걷기부터

공복 유산소운동으로 누구는 빠르게 걷는다고 하고, 누구는 뛴다고 하고, 누구는 사이클을 탄다고 하죠. 저는 트레드밀로 빠르게 걷기를 추천합니다. 기상하자마자 30분 이내에 시작해서 스피드는 5.5 이상, 경사도는 1.5에 놓고 한 시간씩 걸었어요.

스텝퍼나 사이클은 힘들면 속도를 늦춰서 타도 되지만 트레드밀은 그렇지 않아요. 강제성이 있습니다. 자빠지기 싫으면 무조건 기계가 움직이는 속도에 맞춰서 따라 걸어야 해요. 그래서 저는 공복 유산소운동으로 트레드밀을 추천합니다. 저 역시 트레드밀 위에서 빠르게 걷기로 체지방 감량에 성공했습니다. 아이를 낳은 뒤라 뛰는 것은 추천하지 않습니다. 관절에 무리가 갈 수도 있으니까요.

헬스장에서 트레드밀로 빠르게 걷는 것이 습관이 되면 동네를 산책할 때도 내가 지금 되게 천천히 걷고 있구나 하고 느끼게 됩니다. 아이와 산책하러 나왔다면 상관없지만 공복 유산소가 목적이라면 마냥 천천히, 그저 많이 걸어서는 안 됩니다. 속도도 함께 챙기세요.

아침에 눈 뜨자마자 운동하러 나가는 일은 정말 쉽지 않았지만 죽상을 하고 도착해서 헬스장 문을 열었을 때 울리는 신나는 음악소리를 들으면 할 만하다 싶었습니다. 그리고 어차피 집에서는 아이 때문에 뽀로로밖에 볼 수가 없는데, 공복 유산소를 하는 동안에는 제 마음대로 텔레비전을 볼 수 있었고요. 여러분도 트레드밀에 몸을 맡기고 좋아하는 프로그램을 보며 딱! 한 시간만 빠르게 걸어보세요. 핏이 달라질 겁니다.

#때로는 #남편보다믿음직한너 #나를움직여주는너 #러닝머신

걷기는 마법의 세계로 들어가는 관문이다.
지극히 평범한 사람들에게도.
- 서명숙, 『놀멍 쉬멍 걸으멍 제주 걷기 여행』

오늘의 음식

오늘의 운동

#내일의 다짐

생리할 때 운동은 어떻게 해야 할까

여자들은 한 달에 한 번씩 어쩔 수 없는 시기가 옵니다. 생리통이 너무 심하고 쓰러질 듯 컨디션이 나쁘면 무리하지 말아야겠지만, 그 정도가 아니라면 운동을 거르지 마세요. 물론 수영 같은 유산소운동은 안 되겠지만 트레드밀 타는 건 아무 문제가 없습니다. 생리대 차고도 할 수 있는 운동입니다.

남자들은 모르는 날개를 차고 걷는 거예요, 씩씩하게! 아가들이 기저귀를 차고 4등신의 짧은 다리로 뛰어다니는 걸 보며 '아이고 쟤네도 참 답답하겠네' 하고 입장을 바꿔 생각해볼 수도 있고, 아이가 기저귀 안 차려고 악쓰고 우는 것도 이해가 되기 시작합니다. 그렇게 일단 무조건 걷고 또 걷는 겁니다.

한번 핑계를 만들기 시작하면 운동을 거를 이유가 줄줄이 쏟아져 나옵니다. 그 날이니까 아니면 그 날이 되어가니까, 아이가 아파서, 내가 아파서, 남편이 아파서, 우리 강아지가 아파서, 지구가 아파서 등등등…….

내 몸 상태는 내가 제일 잘 알죠? 죽을 것처럼 아픈 게 아니라, 그냥 '생리하는 날이어서 운동 가기 싫다' 정도의 몸 상태라면 얼른 화장실 앞에 운동복을 가져다 놓으세요. 핑계대지 말고 씩씩하게 걸으러 나갑시다.

#생리날운동은 #쾌변말고쾌혈 #빨리뽑고 #빨리끝내줌 #여자들만아는이야기

내가 성공할 수 있었던 원인은 이것이다.
나는 절대로 핑계를 대거나 변명거리를 주지 않았다.
- 플로렌스 나이팅게일

오늘의 음식

오늘의 운동

#내일의 다짐

다이어트 최고의 적은 '단 거'가 아니라 '단톡'

다이어트 모드로 전환하는 데는 식단과 운동도 중요하지만 그 못지 않게 중요한 것이 하나 더 있습니다. 바로 '관계'입니다.

저는 본격적으로 다이어트에 돌입하면서 매일 연락하던 조리원 동기 단톡방과 술 마시던 친구들 단톡방을 다 나와버렸어요. '미안한데 내가 다이어트를 해야 해서 100일 뒤에 돌아올게' 하고요. 설명하지 않아도 될 곳은 그냥 스윽 나오거나, 일이 있다고 말하고 나왔습니다. 일종의 '디톡스' 과정이었죠.

"이렇게까지 해야 되나요?"라고 물으신다면 "이렇게 안 하면 또 망합니다"라고 자신있게 답해드릴 수 있습니다. 변화하고 싶다면 그에 따라 상황을 다시 설계해야 해요. 매일 함께 술 마시고, 맛집 찾아다니던 친구들과 함께 다이어트 하기란 하늘에 별 따기보다 어렵습니다. 다이어트 중에 이 친구들을 한 번 두 번 만나다 보면 함께 치킨집에 앉아 있게 되고, 치킨이 앞에 있으면 한 조각 두 조각 먹게 되는 것이 인지상정이지요. 치킨집에 앉아서 혼자 양배추 퍼먹으면서 버틸 수 있는 사람은 거의 없습니다. 그러니까 안 나가는 게 최고예요. 치킨집에 앉으면 안 됩니다.

100일 동안 좀 못 본다고 친구들과의 우정이 깨지는 것도 아닙니다. 그리고 사실 밥 약속 술 약속을 해야만 유지되는 우정은 좀 덜어내도 괜찮습니다. 내 인생의 주인은 바로 나 자신이니까요.

SNS에도 소문을 내세요. 우리 아이에게 건강한 엄마가 되겠다고 결심했다고요. 친구들이 금요일에 술 마시고 맛집 찾아다닐 때 저는 보란 듯이 씩씩하게 운동했습니다. 그러니까 술 먹자는 연락이 알아서 끊기

불금엔 클럽, 헬스클럽

더군요. 친구들도 저를 꼬셔내는 대신 다이어트 끝나면 얘기해달라고 했습니다. 100일만 한다고 하니까 주변에서도 기다릴 만했던 거죠.

망가진 몸을 되돌리려면 한번 독한 마음을 먹고 나를 돌보지 않던 생활을 청산해야 합니다. 삶의 채널도 바꿔야 합니다. SNS 팔로잉 계정 같은 것들이요. 맛집 블로거, 여행 블로거, 옷 잘 입고 잘 노는 애들은 모두 끊고 홈트 여신, 유명 몸짱 트레이너, 운동하는 애들로 새롭게 채우세요.

이렇게 삶의 채널을 바꾸고 나면 다이어트, 운동에 관한 최신 정보가 끊임없이 들어옵니다. 먹방 찍는 사람들로 주변을 채우면 맨날 먹는 이야기밖에 안 해요. 오늘 즉석 떡볶이에 밥 볶아 먹고 맥주 마시러 갈까 이런 이야기들이요. 그런데 운동하는 사람들은 요즘 닭가슴살 뭐가 맛있더라, 요즘 거기 훈제 소시지 어때, 새로운 프로틴 음료가 나왔어 등 주로 건강 이야기를 합니다.

SNS에서 매일 보는 사람들이 아침에 뛰어나가 운동하고 건강 생각해서 식단 조절하는 걸 알면 곱창이나 크림파스타도 잘 안 넘어갑니다. 자주 보고 접하는 주변의 모든 것들을 건강과 다이어트에 주파수를 맞추세요. 100일만 다이어트 모드에 돌입하는 겁니다.

#단톡방나가면 #외톨이가될것같지만 #새로사귀면되죠 #운동하는친구

애초에 얻고 싶은 바가 명확하지 않았던 사람들에게는
잃을 것도 명확하지 않다.
- 프리드리히 니체

오늘의 음식

오늘의 운동

#내일의 다짐

3040의 다이어트는 20대의 다이어트와 달라야 한다

2017년은 개인적으로 굉장히 다이내믹한 1년이었습니다. 삼대 독자인 아들 서바로 군의 돌잔치, 요로결석 수술, 테슬 자격증 이수, 생방송라디오 복귀, 팟캐스트 1주년 콘서트까지……. 정말 내가 이리도 부지런했나 싶을 정도로 매일 콩볶듯이 살았습니다. 그런데 예전 같았으면당연히 빠졌을 살이 안 빠지더라고요.

그때 느꼈습니다. 이제는 대충 굶어서는 살이 빠지지 않는 나이가 되었구나하고요. 40대가 되니 호르몬의 영향으로 쉽게 붓고, 빨리 피곤해지고, 몸에 탄력이 없어서 밥을 조금만 먹어도 이티처럼 배가 혹 나오고……. 하다못해 굶는 것도 마음대로 안 되더라고요. 더 이상 20대에젊음에 기대어 대충했던 다이어트로는 아무 효과도 볼 수 없습니다.

결론은 다이어트, 특히 출산 후 다이어트는 그냥 굶어서는 안 빠진다입니다. 반드시 식단 관리와 근육량을 늘리는 운동이 병행되어야 기초대사량도 오르고 몸매도 변합니다. 근력이 있어야 에너지도 생기고요.

운동하기 귀찮아서 식단만 관리하려고 하지 마세요. 살도 안 빠지고몸도 상합니다. 우리 이제 나이를 생각할 때잖아요?

다시 젊을 때처럼 먹어도 잘 안 찌는 체질, 건강하고 탄탄한 몸매를만드고 싶다면 식단 관리와 운동을 꼭 함께해야 합니다.

테솔 자격증 이수에 팟캐스트 1주년 콘서트까지
다이내믹했던 2017년

김해영 원장의 똑똑한 다이어트

우리나라 30~40대 여성의 대부분은 20대부터 여러 다이어트에 시도해 체중을 감량하고 요요 현상을 겪은 경험이 있습니다. 그래서 대사가 저하되어 있고 렙틴 저항성에 의한 거짓 배고픔을 동반한 경우가 많습니다. 그러다 보니 몸의 활동이 저하되지 않은 20대보다 다이어트가 쉽지 않습니다.

나이가 듦에 따라 생기는 몸의 변화도 고려해야 합니다. 점차 성장호르몬이 감소하면서 대사량이 줄어들어 체지방이 쌓이기 쉽고, 임신과 출산을 겪으며 체중의 급격한 변화를 경험했기 때문에 이전처럼 체중 항상성을 유지하기가 어렵습니다. 특히 폐경이 가까워질수록 여성호르몬의 수치가 감소하면서 살찌는 부위도 달라집니다. 이전에는 허벅지와 엉덩이에 주로 지방이 쌓였다면 폐경이 가까워질수록 복부에 지방이 쌓여 복부 비만이 심해지고 다리는 날씬해지는 중심형 비만 체형으로 바뀌게 됩니다.

30대 중반이 지나면 근육이 점점 줄어드는 근감소증이 나타나기 시작합니다. 이에 따라 기초대사량도 줄어들어 먹는 양이 같아도 조금씩 살이 찌게 됩니다. 근감소증은 나이 듦에 따른 자연스러운 현상이기는 하나 40대 이후로는 근육 감소량이 약 1~2퍼센트로 늘어나기 때문에 미리 대비해야 합니다.

30대 중반 이상의 여성이 다이어트에 성공하려면 단순히 식단 관리만 해서는 안 되고 건강을 위해 근력운동을 꼭 병행해야 합니다. 충분한 근력은 근육에서 에너지를 만들고 에너지를 운반하고 저장하는 능력을 향상시킵니다. 적당한 근육이 있어야 기초대사량이 유지되어 요요 현상이 올 확률을 줄이고 노년기의 건강까지 챙길 수 있습니다.

중요한 것은 나에게 일어난 일이 아니라 그것으로 무엇을 하느냐다.
인생은 포커 게임과 같다. 나눠주는 카드를 고를 수는 없지만,
그 패를 어떻게 활용하느냐는 전적으로 나한테 달려 있다.
– 레지너 브릿, 『삶은 나를 배반하지 않는다』

오늘의 음식

오늘의 운동

#내일의 다짐

● 다이어트 상담소

Q 운동을 가고 싶어도 아기 맡길 데가 없는데 어떡하죠?

아직 아이가 어려서 어린이집에 보내기 힘들거나 맡아주실 분을 구하지 못하면 막막할 수 있어요. 이럴 때는 아기가 잘 때 홈트부터 시작하는 수밖에 없습니다. 인터넷에 '버피테스트'를 검색해보세요. 아무 기구 없이 집에서 할 수 있는 전신운동입니다. 이것만 30분씩 해도 효과가 있어요.

싱글일 때는 내 몸 하나만 바꾸면 됐는데 지금은 엄마로서, 며느리로서, 아내로서 모든 짐을 짊어지고 해야 하니까 쉽지 않은 게 사실입니다. 대신 그 쉽지 않은 것을 해냈을 때 가족들의 찬사, 박수, 존경, 우러러봄. 이것의 성취감은 곱하기 식구 수입니다. 네 명이 딸려 있으면 4배, 여섯 명이 딸려 있으면 6배죠.

요즘 홈트가 워낙 대세이다 보니까 조금만 검색해보면 집에서 할 수 있는 운동법을 많이 배울 수 있어요. 아기가 잘 때 옆에서 하면 돼요. 같이 자지 않고요. 힘들죠 물론. 힘들지만 해내야 합니다. 그 정도로 절박하다면 말입니다. 물론 이게 말처럼 쉽지 않습니다. 너무너무 재미가 없거든요. 하지만 24시간 중에 단 30분만이라도 나 자신을 위해 쓴다는 생각으로 오늘부터 시작해보세요. 내 삶을 변화시키려면 스스로 몸을 움직이는 수밖에 없습니다.

#내삶은 #오로지나만이 #변화시킬수있다

나 자신에 대한 자신감을 잃으면
온 세상이 나의 적이 된다.
- 랄프 왈도 에머슨

오늘의 음식

오늘의 운동

#내일의 다짐

돈 많으면 누가 못 빼? 연예인도 별 수 없다

어느 연예인이 다이어트에 성공했다는 기사가 나면 가장 많이 달리는 댓글이 '돈 있고 시간 있으면 누가 못하냐'라는 글입니다. 저도 그런 댓글을 많이 받았습니다. 제게 직접 '나도 비싼 보충제 먹고 비싼 PT하면 뺄 수 있다'고 말씀하시는 분도 계셨고요.

감히 말씀드리자면 저는 다이어트는 돈으로 하는 게 아니라고 생각합니다. 그렇게 따지면 재벌이면 다 날씬하고 몸매 좋요? 그건 아니잖아요. 아무리 대단한 트레이너가 붙어도 스스로 운동하지 않으면 다이어트는 안 됩니다. 설사 내가 남들보다 형편이 어렵다고 해도 내 몸을 바꾸겠다는 의지를 가지고 할 수 있는 것부터 하나씩 시작하면 몸은 정직하게 변합니다.

저 역시 관리가 곧 투자라고 우겨보는 여자 연예인이지만 애 엄마이다 보니 PT나 필라테스 비용이 적잖이 부담이 되는 것은 사실입니다. 게다가 제가 출산 후 다이어트를 시작할 때는 방송 18년 만에 첫 비수기로 수입이 0원이었습니다. 아이만 낳으면 쉽게 방송에 복귀할 수 있을 줄 알았는데 아무 데서도 절 안 찾더라고요. 절체절명의 위기였습니다. 아이가 생기니 들어가는 돈은 많은데 불러주는 곳은 없으니 '야 이거 큰일 났다. 나는 뭘 해서 먹고살지?'하는 생각이 들더군요.

지금 생각해보면 오히려 수입이 많았으면 운동을 제대로 안 했을 것 같아요. 헬스장 3개월 등록해 놓고 한두 번 가고 말아서 헬스장의 기부천사가 되었던 경험, 다들 있잖아요? 그런데 이때는 PT 비용이 너무 아까워서 운동을 열심히 하게 되었습니다. '내가 지금 수입도 없으면서 어떻게 등록한 PT인데 아주 뽕을 뽑겠다' 하는 마음으로요. 상황이 절박

돈 있고 시간 있어도 직접 몸을 움직이지 않으면 말짱 꽝

하니까 의지가 더욱 강해지더군요.

　PT 등록할 돈이 없어서, 회사 때문에 시간이 부족해서 등 환경 탓, 상황 탓을 해봤자 바뀌는 건 아무것도 없습니다. 돈이 많아서 비싼 PT를 등록해도 헬스장에 가지 않으면 살은 안 빠져요. 내 몸과 내 인생은 스스로 바꾸지 않으면 절대 바뀌지 않습니다. 결국은 스스로 변하겠다는 의지의 문제라는 것을 잊지 마세요.

#재벌이든 #거지든 #공평하게주어지는 #하루24시간 #어떻게쓰느냐가 #내미래를바꾼다 #내의지로사는삶

당신이 들어가기를 두려워하는 동굴이
당신이 찾는 보물을 숨기고 있다.
- 조지프 캠벨

오늘의 음식

오늘의 운동

#내일의 다짐

못 참고 먹은 날은 한 시간 더, 하루 더 운동하기

100일 동안 아무런 고비도 없이 식단 조절과 운동만 하면 좋겠지만, 우리가 사람인데 어디 그게 되나요. 분명 못 참고 음식이든 술이든 먹는 날이 생길 겁니다.

저도 모임에 참석했다가 분위기에 못 이겨 술 한 잔 마신 날도 있고, 바깥 음식을 먹어야 해서 식단을 제대로 지키지 못한 날도 있었습니다.

이럴 때마다 '역시 난 안 돼', '이번 생은 틀렸어'라며 아예 고삐를 풀어버리면 안 됩니다. 어제는 어제고 오늘은 오늘이에요. 우리는 무조건 100일을 달리는 겁니다. 어제 못 참고 먹었다면 오늘 한 시간 더 운동하면 됩니다. 아주 거하게 먹었다면 100일에서 101일로 하루 더 늘리는 것도 방법입니다.

실수는 빨리 바로잡으면 돼요. 우리는 목표 기간이 있으니까 그 안에서 플러스 마이너스 하면서 100일을 채우면 됩니다. 스스로에게 너무 실망하지 말고 한 시간 더 운동하면서 루틴을 회복하세요.

#아프니까청춘이냐 #먹고후회하니사람이다

모든 큰 실수에는 이를 다시 불러와서
어쩌면 바로잡을 수 있는 찰나의 순간, 중간 지점이 존재한다.
- 펄 벅

오늘의 음식

오늘의 운동

#내일의 다짐

나는 나를 이긴다

100일 다이어트를 시작한 지 얼마 안 됐을 때 친구들이 개그 욕심에 저에게 고칼로리 간식들을 보낸 적이 있습니다. 라면 한 박스, 빵 한 상자, 찹쌀떡 세트 등 종류도 다양하고 양도 많았죠. '웬 택배지?'하고 뜯었다가 내용물을 보고 빵 터지기도 잠깐, 계속 쳐다보고 있으면 흔들리니까 싹 다 냉동실에 넣어버렸어요. 전부 얼렸다가 100일 뒤에 먹겠다는 마음으로요. 제가 유혹에 넘어가길 기다리고 있을 친구들에게 냉동실에 고이 보관한 사진들을 보내주었습니다. 그랬더니 친구들이 '이번에는 진짜 다른가 보다' 하고 더 이상 장난치지 않게 되었죠.

저도 태어날 때부터 이렇게 독한 사람은 아니었습니다. 아니 저처럼 스스로에게 관대한 인간도 찾기 힘들 거예요. 늘 '작심삼일도 100번이면 1년'을 부르짖으며 쉽게 포기하는 제 자신을 40년 넘게 셀프 포장하고 토닥이며 살았습니다. 완벽주의자는 인간미가 없다며, 자기 관리를 철저히 하기보다 배가 터질지언정 친구들과의 '의리 군것질'에 기꺼이 동참하는 의지박약의 대표 주자였죠. 옛날 같으면 '하나만 먹을까?' 하고 한 봉지 뜯고, 먹다 보니 다 퍼먹고, 보내준 친구에게 좌절하는 모습 보내고 낄낄대며 다이어트는 개나 줘버려!를 외치며 그냥 살았을 테죠.

그러나 이번에는 절체절명의 위기가 가져다준 '나는 나를 이긴다' 정신으로 하루하루 버텼습니다. 유혹하는 음식이 있다면 지금 당장 냉동실에 얼리세요. 계속 실패해도 자꾸 하다 보면 어느 순간 '나는 나를 이긴다' 하는 때가 올 겁니다.

#나에게만관대한나 #이제그만날놔줘요 #나는나를이긴다 #할수있다다이어트

> 불가능한 것을 성취하려면
> 불가능한 것도 실행해야 한다.
> – 미겔 데 세르반테스

오늘의 음식

오늘의 운동

#내일의 다짐

스스로 눈속임하지 말자

최근에 인터넷에서 웃긴 그림을 하나 봤어요. 셀카, 실물, 남이 찍어준 나를 비교한 그림이었는데 너무 웃겨서 제 사진을 넣어봤습니다.

| 셀카 | 실물 | 남이 찍어준 나 |

어떤가요? 셀카와 남이 찍어준 사진을 비교하면 거의 다른 사람이지 않습니까? 보정된 내 모습을 보면서 자꾸 '이 정도면 됐지' 하고 자기합리화 하면 안 됩니다. 애플리케이션 돌려서 나 아직 쓸 만하다고 생각하고, 친구들이 우정 돈독히 한답시고 하는 '죽지 않았다'는 달콤한 말에 넘어가지 마세요. 애플리케이션이 화장도 시켜주고 브이라인도 만들어 주잖아요. 100장 중에 잘 나온 한 장을 나라고 착각하면 안 됩니다.

스스로 눈속임하지 마세요. 기술의 도움 없이 날 것 그대로의 내 모습을 찍어보세요. 언제 이렇게 아랫배가 나왔나, 팔뚝살은 왜 이렇게 늘어졌지 하고 놀라게 될 겁니다. 냉장고에 8등신 모델 사진 붙이는 대신 남이 찍어 준 내 사진을 붙여 놓으세요. 당장 헬스장에 가게 하는 원동력이 될 겁니다.

#어차피아무리빼도 #8등신은힘들어 #걔넨유전자가달라 #아프지만진실
#내몸뚱이의최상급만찾자

현실을 있는 그대로 받아들이고
객관적으로 처리하는 것이 가장 유익하다.
- 윌리엄 셰익스피어

오늘의 음식

오늘의 운동

#내일의 다짐

건강한 엄마가 행복한 가정을 만든다

제가 최근에 『여자의 미래』(신미남 지음)라는 책을 읽었는데 정말 마음에 와닿는 구절이 있어서 소개하고 싶습니다.

"아이에게는 아이의 길이 있고, 엄마에게는 엄마의 삶이 있다. 아이는 필시 부모의 등을 보고 자란다. 여자가 아내로서, 엄마로서 행복할 때 가족도, 그리고 여자의 미래도 행복해지는 법이다."

엄마가 되고 난 후에 가장 많이 하는 생각 중 하나가 '엄마로서 내 아이를 위해 희생하는 것은 당연하다'일 겁니다. 그래서 굉장히 많은 것을 스스로 포기하게 돼요. 누가 강요한 것도 아닌데 말이죠.

저는 모유 수유를 할 때 산후 우울증이 와서 많이 힘들었어요. 워낙 에너지가 넘치는 사람이라 사람들 만나고 새로운 일을 계획하고 해야 하는데 모유 수유 때문에 두 시간에 한 번은 무조건 유축을 하니 아무 것도 할 수가 없더라고요. 하고 싶은 일은 하나도 못하고 모유 수유만 하고 있으니 내가 사람인지 젖소인지도 모르겠고, 당최 돌아갈 자리는 있는건지 나는 뭐 하며 사는 사람인가 싶더라고요.

자존감은 점점 땅을 치고 그러다 보니 퇴근하고 들어온 남편한테 작은 걸로 화를 내고, 육아를 도와주는 친정 엄마한테도 히스테리를 부렸어요. 이런 일이 반복되니 가족들은 저를 점점 피하게 되고 저는 또 서운하니까 더 짜증을 내고 악순환이었죠.

모유 수유를 마치고도 달라지는 것은 별로 없었습니다. 잠을 쉽게 못 들어서 매일 밤 맥주를 마시고 조리원 동기들과 몇 시간씩 카톡을 했어요. 남편 욕, 시댁 욕, 엄마 욕, 세상 욕으로 가득했습니다. 제 상황에서 행복을 찾지 못하니까 모든 게 다 아니꼽고 내가 제일 힘들고 내가 제일 불쌍하다는 생각에 취해 있던 것 같아요. 그러면서 다른 사람들한테 '내가 어떻게 했는데, 네가 나한테 이럴 수 있어?' 하는 감정을 강요하게 되었죠.

엄마로서 아이를 최우선으로 생각하는 마음은 정말 숭고하지만 그렇다고 나를 챙기는 일을 뒷전으로 해서는 안 됩니다. 이 희생 때문에 엄마가 불행하면 가정이 화목할 수 없어요. 자꾸 아이 탓 남편 탓을 하게 되거든요.

아이는 우리가 낳기로 한 거니까 절대 아이 탓은 하면 안 됩니다. 남편 탓도 마찬가지예요. 남편이 우리한테 '결혼 안 하면 죽어버릴거야'라고 협박했나요? 아니잖아요. 남편 탓도 하지 마세요. 결혼하기 전에는 이럴 줄 몰랐어요 하고 변명해봤자 속은 우리 잘못을 시인하는 꼴입니다. 남편이 약속한 장밋빛 결혼생활이 아니라면 내가 장밋빛으로 바꿀 노력을 하면 되죠.

제가 계속 강조하듯이 '스스로 행복한 엄마'가 되어야 합니다. 저도 운동을 시작하고 제 자신을 돌보고 체력이 향상되면서 남편과의 관계도 좋아지고 집 안에도 평화가 찾아 왔어요.

지금 당장은 운동을 나갈 때마다 아이가 눈에 밟히겠지만 아이에게도 짜증 가득한 모습으로 늘 곁에 있어줬던 엄마보다는 본인의 희생을 내세우지 않는 엄마가 더 좋을 거라고 생각하며 발걸음을 떼야 합니다. 아이에게는 아이의 길이 있고 엄마에게는 엄마의 삶이 있는 법이니까요. 스스로를 돌볼 줄 아는 엄마가 됩시다. 그래야 내 아이도 제대로 돌보고 우리 가족도 행복해질 수 있어요.

#원래결혼이란 #내눈내가찌르기 #그건남편도마찬가지 #동지끼리싸우지말자

우리는 여성을 유능한 전문 인력인 동시에 행복한 어머니로,
아니면 행복한 전문 인력인 동시에 유능한 어머니로 그릴 수 있어야 한다.
- 셰릴 샌드버그, 『린 인』

오늘의 음식

오늘의 운동

#내일의 다짐

● 출산 후 다이어트 시기

출산 후 다이어트 시작 시기에 대해서는 전문가들마다 이견이 있지만, 최소 4~6주 정도는 몸을 보호하면서 무리하지 않는 것이 좋습니다. 6주가 지난 후부터는 가벼운 산책이나 걷기 같은 유산소운동과 맨손 체조는 시도해볼 만합니다.

만약 6주가 지나서도 허리나 골반, 손목과 무릎 또는 발목에 통증이 있다면 다이어트를 시작하기보다 안정을 취하는 것이 좋고, 충분한 안정을 취했는데도 증상이 계속된다면 가까운 병원을 찾아가는 것을 추천합니다.

임신 기간의 후반부부터는 황체에서 릴렉신(relaxin)이라는 호르몬이 분비되어 인대와 관절을 유연하게 만들어 출산을 준비하게 합니다. 릴렉신은 출산 후 5~6개월까지도 소량으로 분비되는데 이 호르몬은 관절의 안정성을 떨어뜨려 부상의 위험을 높일 수 있습니다. 따라서 출산 후 6개월까지 무리한 운동은 조심하는 것이 좋습니다.

● 식단 조절의 수위

극단적인 칼로리 제한 다이어트, 즉 굶는 다이어트는 초반에 수분과 근육을 빠지게 만들기 때문에 체중계의 숫자가 빠르게 줄어듭니다. 살이 잘 빠지는 것처럼 보이지만, 억누르던 식욕을 참지 못하고 극단적인 폭식으로 이어지기 쉬우며 그렇게 될 경우 줄어든 근육량으로 인한 기초대사량 저하와 맞물려 금방 요요 현상이 오기 마련입니다. 이런 경우 몸의 시스템이 점점 망가지게 되어 다음 다이어트도 성공하기 어려워집니다. 단기간의 극단적인 식단 조절 대신 중장기적인 계획을 세워

차근차근 진행하는 다이어트가 길고 지루하게 느껴지겠지만 가장 빠른 길일 수 있습니다.

● 유산소운동과 근력운동

체지방 분해를 위해서는 유산소운동이 효과적이지만 건강한 몸을 만들기 위해서는 꼭 근력운동도 병행해야 합니다. 충분한 근력은 인슐린 저항성을 개선시켜 대사증후군, 당뇨, 고도비만 예방에도 도움을 줍니다. 어느 하나의 운동에만 치우치지 말고 전문가와 상담 후 균형 잡힌 운동을 하는 것이 좋습니다.

Step 2

갓고 싶다

탄탄한
몸매

살찌지 않는 사람들의 비밀, 높은 기초대사량

주변에 보면 우리와 똑같이 먹어도 살이 잘 안 찌는, 재수없는 지지배들이 있습니다. 이 친구들의 비밀은 무엇일까요? 우리 앞에서만 많이 먹고 집에 가면 손가락을 찔러 넣어 토라도 하는 걸까요? 여러 가지 이유가 있겠지만 대부분의 경우 높은 기초대사량 덕분일 것입니다.

우리 몸은 특별한 행동을 하지 않아도 체온 유지나 호흡, 혈액 순환 등 기초적인 생명 활동을 위해 칼로리를 소모합니다. 이때 필요한 최소한의 에너지가 기초대사량인 것이죠. 즉 기초대사량이 높으면 아무것도 하지 않아도 하루에 더 많은 칼로리를 태울 수 있어요. 우스갯소리로 말하는 '숨만 쉬어도 살이 빠지는 사람'이 바로 이런 사람들입니다.

그럼 기초대사량을 높이는 가장 좋은 방법은 뭘까요? 바로 근육을 만드는 것입니다. 근육 세포는 지방 세포보다 더 많은 에너지를 필요로 하기 때문에 근육이 많을수록 먹는 만큼 살이 찌지 않습니다. 제가 근력운동을 시작한 것도 근육을 만들어 기초대사량을 높이기 위해서였어요.

굶으면서 근력운동을 하는 분들이 있을까 봐 노파심에 말씀드리면 그건 오히려 기초대사량을 낮추는 일이에요. 음식을 적게 먹으면 지방을 태워서 에너지를 만들 것 같지만, 현실은 그 반대입니다. 음식 섭취가 제대로 안 되면 뇌가 비상사태라고 인지해 지방을 아끼고 가뜩이나 없는 근육을 사용해서 에너지를 만듭니다. 그래서 제가 누누이 절대 굶지 말라고 말씀드리는 거예요.

지방을 잘 태우는 축복받은 몸은 기초대사량을 높이는 것으로 만들 수 있습니다. 그리고 이게 바로 우리가 원하는 살이 잘 안 찌는 체질의 첫걸음이고요.

무엇인가 싫다면 바꿔라.
그럴 수 없다면 당신의 태도를 바꿔라.
– 마야 안젤루

오늘의 음식

오늘의 운동

#내일의 다짐

잠은 양보다 질

'다이어트 하는데 잠이 무슨 상관이지?'라고 생각하는 분들이 있을지도 모르겠습니다. 그러나 우리가 잘 몰라서 그렇지, 다이어터에게는 매일매일 운동하고 식단을 관리하는 것만큼이나 '잘 자는 것'도 중요합니다. 밤새 공부하는 것보다 적당히 자면서 공부를 해야 시험을 잘 보는 것처럼 다이어트도 질 높은 수면이 받쳐줘야 성공적으로 해나갈 수 있어요.

우리 몸은 숙면을 취할 때 신진대사가 활발해져서 지방을 효과적으로 태우고 에너지를 더 많이 소비하게 됩니다. 반면에 제대로 못 자면 탄수화물 처리 속도가 느려지고, 식욕을 억제하는 포만감 호르몬인 렙틴(leptin)의 분비가 감소할 뿐만 아니라 식욕을 자극하는 호르몬인 그렐린(ghrelin)의 분비가 증가하게 됩니다. 문제는 이렇게 과도하게 분비된 그렐린이 우리 몸에 지방이 계속 쌓이도록 돕는다는 사실이죠.

한마디로 아무리 운동하고 식단 관리를 열심히 해도 제대로 수면을 취하지 않으면 모두 헛수고라는 뜻입니다.

아이와 하루종일 붙어 있다고 해서 양육의 질이 높아지는 것이 아닌 것처럼 길게 자도 얕은 잠을 자면 소용이 없습니다. 그렇기 때문에 생활 습관도 숙면을 취하는 데 도움이 되는 방향으로 바꿔야 해요. 그래서 저는 다이어트 기간 동안 카페인을 멀리 했습니다. 무조건 커피는 블랙 아메리카노 한 잔으로 제한하고, 오전 10시 이후로는 카페인 섭취를 딱 끊기로 정했습니다. 운동을 열심히 하는 것도 딥슬립에 도움을 주더군요. 운동을 시작하기 전에는 밤마다 쉽게 잠들지 못해서 침대에 누워 두 시간씩 핸드폰을 붙들고 있었는데, 운동을 시작한 뒤로는 피곤해서 베

개에 머리만 대면 바로 기절하더라고요.

생활 습관을 조금만 신경 써서 바꿔주면 하루에 5~6시간만 자더라도 숙면을 취해 충분히 피로를 풀 수 있습니다. 자고 일어나도 몸이 개운하지 않아 커피로 하루를 버티고 밤이 되면 다시 잠 못 드는 생활을 하고 있다면 이번 기회에 그 악순환을 깨보자고요!

가뜩이나 잘 시간이 부족한 애 엄마들은 짧더라도 딥슬립이 필수

김해영 원장의 똑똑한 다이어트

양질의 수면을 충분히 취하는 것은 다이어트에 큰 도움이 됩니다. 우리 몸은 자는 동안 몸의 부종과 독소를 없애고 몸의 면역력을 회복하며 성장호르몬을 분비시켜 몸의 대사를 촉진합니다. 심한 과체중이면 깊은 수면에 들기가 어렵고, 수면이 부족하면 과체중이 되기 쉽습니다. 서로 떼려야 뗄 수 없는 관계이니 적당한 수면을 취하는 습관을 들이는 것이 매우 중요합니다.

평소 몇 시에 자서 몇 시에 일어나나요?
숙면을 취하고 있는지 점검하고 계획을 세워봅시다.

평소 수면 습관

숙면을 취하기 위해 개선할 점

커피 한 잔으로 하루를 버티는 요령

사람마다 다이어트를 할 때 가장 방해가 되는 음식이 있는데 저의 경우에는 커피였습니다. 카페인이 칼로리 소비를 촉진시키기 때문에 다이어트에 도움이 된다는 사람도 있지만, 숙면을 방해하기 때문에 저는 100일 동안 커피, 초콜릿 등 카페인을 끊는 것을 추천해요.

물론 쉬운 일이 아닙니다. 저 역시 금단현상이 제일 먼저 온 게 바로 커피였어요. 저는 일하면서 말을 계속하는 사람이잖아요? 물을 마시면 말이 잘 안 나오는 것 같아서 습관적으로 커피를 마셨습니다. 마치 직업병처럼요. 하루에 예닐곱 잔은 마셨던 것 같아요. 주변에 늘 커피가 굴러다니던 삶을 살다가 이걸 차도 아니고 그냥 맹물로 바꾸는 게 처음에는 너무 이상하더군요. 차에도 카페인이 들어 있으니까 물밖에 대안이 없었어요.

그래서 방법을 찾았습니다. 아침에 텀블러에 커피 한 잔을 마시고 다 마시면 그 텀블러에 뜨거운 물을 부어서 또 마시고, 뜨거운 물을 부어서 또 마시고 하는 것으로요. 커피의 향만 남은 걸로 하루를 연명하는 거죠. 제가 텀블러를 들고 다니기 시작한 이유입니다. 커피 한 잔으로 하루를 버티는 습관을 만들기 위해서요.

만약 한 잔이 너무 힘들다면 디카페인으로 바꿔 마시는 습관을 들이세요. 카페인을 절제하는 게 핵심이니까 억지로 커피를 끊으려고 스트레스 받지 않아도 됩니다. 커피는 끊었는데 물만 마시기가 뭐하면 카페인 프리인 건강 음료를 마시는 것도 방법입니다. 우리가 안 찾아봐서 그렇지 세상이 좋아져서 건강 음료도 맛있게 잘 나오더군요. 종류도 다양하고 맛도 괜찮으니 커피를 대체할 음료도 쉽게 찾을 수 있을 거예요.

자제력을 키우는 가장 좋은 방법은
어떻게 그리고 왜 자제력을 잃는가를 살피는 것이다.
- 켈리 맥고니걸

오늘의 음식

오늘의 운동

#내일의 다짐

살은 식단으로 빼고, 몸매는 운동으로 만들고

체지방 커팅으로 몸에 지방을 제거하니 숨어 있던 잔근육들이 드러나기 시작했습니다. 그걸 보니까 슬슬 욕심이 생기더라고요. 일주일에 한두 번 PT를 받으면서 근력운동을 했는데, 이때부터는 PT를 받지 않는 날에도 혼자서 근력운동을 하고 왔습니다. 전에는 뻘쭘해서 못했는데 말이죠. 헬스장에 못 가는 날에는 집에서 아령을 들거나 플랭크를 하는 등 운동을 찾아서 했습니다. 몸이 변하는 게 눈에 보이니까 더 적극적으로 하게 되더군요.

몸매를 원하는 모양으로 조각하려면 체지방 감량 후에 근육을 키우는 것이 좋습니다. 예를 들어 저는 어깨가 약하고 엉덩이와 허벅지가 튼튼한 체형이라서 어깨는 키우고 하체는 빼는 근력운동을 집중적으로 했습니다. 근력운동은 자기가 원하는 몸매를 만드는 가장 좋은 방법이에요. 100일간의 다이어트를 하고 난 후에 저는 '살 빼기는 식단 관리, 살 깎기는 근력운동'이라는 나름의 결론을 내렸습니다.

다만, 근육은 한번 만들었다고 평생 유지되는 성질의 것이 아닙니다. 신기루처럼 사라지기도 하고, 나이가 들수록 자연스럽게 쇠약해지기도 하죠. 그래서 근력운동은 규칙적으로 끈기 있게 할 필요가 있습니다. 제가 고단백질 음식을 꾸준히 섭취한 것도 근육량을 키우고 유지하는 데 도움이 되기 때문입니다.

근력운동을 해서 근육을 키우면 우락부락한 몸이 되지 않을까 걱정하시는 분들이 있어요. 걱정하실 필요 없습니다. 우리가 머슬코리아 나갈 정도로 운동하는 거 아니잖아요? 하루 한 시간 정도의 근력운동은 탄탄한 몸매 만들기의 필수 조건입니다. 두려워하지 마세요!

자기 자신을 믿지 못하는 사람은
다른 누구도 진심으로 믿지 못한다.
- 장 레츠

오늘의 음식

오늘의 운동

#내일의 다짐

쫙 달라붙는 운동복을 입어야 하는 이유

'운동을 시작한 지 30일이 넘었는데 이제 와서 갑자기 운동복 이야기라니?'라고 생각하셨나요? 처음부터 이야기하지 않은 것은 사실 체지방 감량을 할 때는 어떤 운동복이라도 괜찮기 때문입니다. 빠르게 걷기와 같은 유산소운동을 하는 데 무리가 없는 옷이면 돼요. 쫄쫄이 타이즈에 신랑의 늘어진 러닝셔츠도 오케이입니다.

그러나 근력운동을 시작한 후에는 이왕이면 몸의 근육이 잘 보이는 옷을 입고 하는 게 좋습니다. 근력운동을 할 때는 힘이 들어가는 부위를 정확히 확인하며 운동하는 것이 중요하기 때문에 타이트한 운동복을 입고 근육의 움직임을 눈으로 확인하며 운동할 것을 권합니다.

몸매도 안 좋은데 이런 옷을 입고 운동해도 될까 하고 고민하지 마세요. 뭐 남한테 해 끼치는 일도 아닌데 다른 사람의 눈은 신경 쓰지 않아도 됩니다. 더 당당하게 어깨 쭉 펴고 내 몸에만 집중하자고요.

부끄러워 말고 근육의 움직임이
잘 보이는 옷으로 선택

#내몸매에는 #나만관심있더라 #아프지만진실

자신감은 위대한 과업의 첫 번째 요건이다.
- 사무엘 존슨

오늘의 음식

오늘의 운동

#내일의 다짐

다른 사람의 말에 휘둘리지 않기

살을 빼기 전 사람들은 제게 "지금도 보기 괜찮다"고 했습니다. 그러나 검사를 해보니 내장 지방이 잔뜩 낀 마른 비만이었죠. 다른 사람들 말에 넘어가서 '그래, 사는 데 별 무리 없는데 됐지 뭐', '아줌마가 이 정도면 양호해', '내가 이제 와서 미스코리아에 나갈 것도 아니잖아?'라고 제 자신과 타협했다면 평생 살을 못 뺐을 겁니다.

본인만 알아요, 나의 진짜 몸 상태는. 옷으로 가리고 화장으로 감춘 내 모습을 보고 다른 사람이 별생각 없이 하는 말에 휘둘리지 마세요. 그리고 사실 사람들은 우리가 생각하는 만큼 우리에게 관심이 없습니다. 때로는 가족조차도요. 지금의 상황이 익숙하고 편안하니까요.

우여곡절 끝에 운동을 시작한 뒤에도 말이 많았습니다. 다이어트 일기를 SNS에 올렸는데, 아무래도 대중의 관심을 받는 연예인인지라 이런저런 이야기가 더 많이 들려왔죠. "애 엄마가 왜 저기서 저러고 있어?", "아줌마가 몸은 만들어서 뭐해? 어디에 쓰려고?", "팔자가 편해서 저러는구먼" 등등.

체지방을 8kg 감량했을 때는 사람들이 너무 말랐다고 이제 그만 운동하라고 했어요. 제가 근육을 키우겠다고 근력운동을 하니까 너무 다이어트를 심하게 하는 거 아니냐고 그러다 죽는다며 타박하던 사람도 있었죠. 다들 다른 사람에 대해서는 참 쉽게들 말하죠?

이런 사람들이 하는 얘기에 흔들리지 마세요. 무엇을 하고, 어떻게 살며 어디에 있을 때 가장 행복한지는 나 자신이 제일 잘 압니다. 운동을 시작하고 나서 내가 얼마나 건강해졌는지, 얼마나 체력이 좋아졌는지, 아침에 일어나는 게 얼마나 가뿐해졌는지 다른 사람들은 몰라요. 바로

나만 알 수 있는 거죠.

그렇기 때문에 타인의 기준에 맞춘 다이어트가 아니라 나의 건강을 위한 다이어트를 해야 합니다. 이 기간 동안에는 멘탈 관리가 중요해요. 쓸데없는 잔소리를 할 만한 사람은 아예 만나지 마세요. 아니면 더 독하게 스스로를 고립시키는 것도 방법입니다. 운동이 습관이 될 때까지요.

"야 니가 뺄 데가 어딨어", "괜찮아 그냥 먹어, 이건 안 쪄" 이런 말들을 다 원천봉쇄해야 합니다. 자신과 타협하게 만드는 주변의 말들을 다 끊어내야 해요.

여기까지 오기 위해 내가 얼마나 노력하고 땀을 흘렸는지는 내가 제일 잘 아는 법입니다. 해보지도 않고 남의 성과를 쉽게 깎아내리는 사람은 평생을 가도 모를 기쁨이죠.

부정적인 에너지를 내뿜는 사람들의 말에 흔들리지 말고, 스스로를 믿고 매일매일 스스로와 데이트를 한다고 생각해보세요. 내 몸이 조금씩 좋아지는 것을 느끼고 성실하게 다이어트 일기도 쓰세요. 지금쯤이면 약간 고비가 올 법도 한데 흔들리지 맙시다.

체지방 감량에 성공했다면 성공에 취해 이쯤에서 멈추고 싶은 마음이 들 수도 있어요. 마음을 다잡아야 합니다. 이 시기를 잘 보내야 살이 잘 안 찌는 체질로 갈 수 있어요.

아직 원하는 만큼 체지방을 감량하지 못했다면 마음이 초조하고 힘들 수 있어요. 사람의 몸에 따라서 한 달 만에 변화가 오는 분이 있고, 그렇지 않은 분이 있습니다. 하지만 두 달 차부터는 확실히 변화가 보입니다. 운동도 슬슬 재미가 붙으니 더 잘하게 되고요. 꾸준히 하기만 하면 첫 번째 달보다 덜 힘들 거예요.

    내 인생의 주인공은 나라는 것을 잊지 맙시다. 다른 사람의 말보다 중요한 건 내가 정말 원하는 것과 그것을 이루기 위한 노력이에요. 우리 이번에는 꼭 성공해보자고요!

마흔이 넘어서도 빨간 모자, 노란 구두 어울리기 어렵지 않아요

견뎌라. 지금 견디고 남은 생을 승자로 살아라.
- 무하마드 알리

오늘의 음식

오늘의 운동

#내일의 다짐

D61

● **다이어트 상담소**

Q 운동 순서는 어떻게 해야 하나요?

ⓐ 　오전에는 공복 유산소, 이외에 공복이 아닌 오후나 저녁에 운동할 때는 웜업 → 근력운동 → 유산소 순서로 운동을 합니다. 먼저 근력운동 전에 웜업으로 유산소운동을 20분 정도 하고, 딴짓하지 말고 집중해서 근력운동을 한 시간 동안 합니다. 그러고 나서 마무리로 유산소운동을 40분 이상 합니다.

　홈트를 할 때도 웜업 유산소운동 후 근력운동을 하는 게 좋습니다. 홈트를 할 때 맨발로 하시는 분들이 있는데 꼭 운동화를 신어주셔야 해요. 운동을 할 때 발생하는 충격을 운동화가 흡수해주기 때문입니다. 헬스장에서 실내용 운동화를 신 듯이 집에서도 실내용 운동화를 신고 운동하세요. 같은 이유로 요가 매트나 아기 매트 위에서 운동하시는 게 좋습니다. 이러면 층간 소음도 걱정 없겠죠?

　제일 중요한 건 모든 운동 전에 간단한 스트레칭으로 몸 풀어주기! 자동차도 시동을 건 후에 출발하는 법이잖아요. 잊지 마세요. 발목 돌리고, 손 털고, 목을 좌우앞뒤로 당겨주고 내 몸에 시동을 걸어주고 난 뒤에 운동을 해야 몸이 다치지 않습니다.

훈련이 전부다.
- 마크 트웨인

오늘의 음식

오늘의 운동

#내일의 다짐

플랭크 워크 (Plank walk)

#유산소운동 #근력도함께 #퀵다이어트 #내장지방안녕 #뱃살타파

양팔은 어깨너비로 벌려 바닥을 짚고 엎드린다. 한쪽 다리의 무릎은 최대한 가슴 쪽으로 당기고, 반대쪽 다리는 뒤로 쭉 뻗는다. 호흡은 편하게 하고 양발을 앞뒤로 교차하며 뛴다.

1분간 반복 후
10초 휴식
x 3세트

①

②

멈추지 말고 한 가지 목표에 매진하라.
- 안나 파블로바

오늘의 음식

오늘의 운동

#내일의 다짐

스위치 킥(Switch kick)

#층간소음걱정되는집에서 #하체유산소운동 #매끈한다리라인 #체지방감량은보너스

양손에 물병을 쥐고 양발을 어깨너비로 벌리고 선다. 숨을 내쉬면서 한쪽 팔을 앞으로 쭉 뻗고 반대쪽 다리도 90도로 뻗는다. 양팔을 교차하여 펀치하듯 반대쪽 팔을 앞으로 뻗고 들고 있던 다리를 뒤로 길게 뻗는다. 이때 상체를 바닥과 평행하게 숙이고 들고 있던 손은 옆구리쪽으로 당긴다.

양쪽
10회 반복
x 3세트

① ② ③

이 세상에서 당신이 개선할 수 있는 확실한 한 가지는
바로 당신 자신이다.
- 앨더스 헉슬리

오늘의 음식

오늘의 운동

#내일의 다짐

백 앤 레그 콤보(Back and leg combo)

#등구리살타파 #날렵한뒤태 #팔뚝살제거 #올킬운동 #올여름엔나도민소매

양손에 물병을 쥐고 상체를 곧게 편 뒤 스쿼트하듯 양발을 어깨보다 넓게 벌리고 서서 무릎만 살짝 구부린다. 양손의 엄지를 뒤로 향하게 하고 숨을 들이쉬며 등에 집중해 물병으로 스윙하듯이 팔을 들어올린다. 숨을 내쉬며 양팔을 다리 사이로 내리면서 동시에 무릎을 펴준다. 2번 3번 동작을 반복한다.

10회 반복
x 3세트

① ② ③

나는 버터 피칸 아이스크림을 좋아하지만
운동하는 것도 사랑한다.
- 비욘세

오늘의 음식

오늘의 운동

#내일의 다짐

엘리펀트 (Elephant)

#올록볼록한배에 #복근선물하기 #날씬한허리 #복근운동의레전드

수건, 신문지, 재활용 종이 박스, 마른 걸레, 헌옷 등 마찰을 만들 수 있는 물건을 준비한다. 발 아래에 준비한 물건을 깔고 양손을 어깨너비로 벌리고 엎드린다. 숨을 내쉬며 상체에 무게중심을 두고 양발로 박스를 끌어당기듯 몸통 쪽으로 끌고 온다. 다시 발을 밀어 1번 자세로 만든 후 반복한다. 양발이 몸에서 멀어지고 가까워질 때 복부에 강한 자극을 느껴야 제대로 하고 있는 것!

10회 반복
x 3세트

❶

❷

육지가 사라지는 것을 바라볼 자신이 없으면
결코 대양을 건널 수 없다.
- 크리스토퍼 콜럼버스

오늘의 음식

오늘의 운동

#내일의 다짐

사이드 오픈 레그(Side open leg)

#티비볼때 #퍼진엉덩이 #올리고쪼이고잡아주고 #골반교정효과탁월 #승마살안녕

상체와 골반, 그리고 발바닥이 직선상에 위치하도록 옆으로 누워
한 손으로 머리를 받치고 무릎을 120도로 구부린다. 복부에 집중해
자세를 유지하고 숨을 내쉬며 위쪽에 있는 다리의 무릎을 엉덩이
의 힘을 이용해 들어올린다. 이때 뒤꿈치는 떼고 발끝은 떨어지지
않게 주의하며 엉덩이에 충분히 자극이 가는 정도만 들어올린다.

양쪽
10회 반복
x 3세트

❶

❷

성공은 당신에게 가지 않는다.
당신이 성공을 향해 가야 한다.
– 마바 콜린스

오늘의 음식

오늘의 운동

#내일의 다짐

안선영의 부위별 홈트 · **가슴**

푸시업 투 셸 스트레치(Push-up to shell stretch)

#처진가슴에는 #푸쉬업뿐 #똑같은컵도 #있어보이게만드는 #마법의효과

무릎을 바닥에 대고 푸시업 자세를 취한 뒤 발목을 X자로 꼰다. 숨을 들이마시면서 팔을 굽혀 상체를 내렸다가 숨을 내쉬며 올라온다. 8회 반복 후 팔로 땅을 밀듯이 몸을 뒤로 끝까지 밀어 엉덩이가 뒤꿈치에 닿게 하고 허리를 지그시 늘리면서 스트레칭한다.

8회 푸시업
10초 휴식
X 3세트

❶

❷

❸

당신이 두려워하는 일을 매일 하라.
- 엘리너 루스벨트

오늘의 음식

오늘의 운동

#내일의 다짐

● 다이어트 상담소

Q 100일 동안 술은 한 번도 안 마셨나요?

Ⓐ 100일 동안 평안하고 잔잔한 나날만 지속되었다면 좋으련만, 매사 파이팅이 넘치는 저는 사실 부부 싸움을 해도 열정을 다하는(?) 편입니다. 열심히 다이어트를 하다 한 50일 정도 지났을 즈음 그 어떤 유혹도 뿌리치며 참아온 나날이 무색하게 시원하게 부부 싸움을 하고 씩씩대며 달려나가 왕창 술을 마신 적이 있어요.

무작정 집 밖으로 나가 '한잔 하자' 하고 동네 친구를 불렀습니다. 그런데 막상 술을 마시려고 보니 여태까지 식단 관리하고 힘들게 운동한 게 너무 아깝더라고요. 결국 방울토마토, 얼음과 함께 남편을 안주삼아 소주를 마시기 시작했죠. 그때가 체지방을 10kg 정도 감량했을 때였는데 체지방도 빠지고, 50일 동안 입에도 안 대던 술을 갑자기 마시니까 금방 취하더라고요. 아주 dog만취가 되었습니다. 둘이서 소주를 글라스로 마셨던 것까지는 기억이 나는데 그 뒤로 필름이 끊겼습니다. 눈을 떠보니까 어제 입은 옷 그대로 우리 집 침대 위에 누워 있더라고요. 주머니에는 정체를 알 수 없는 검정 비닐봉지가 들어있고요.

알고 보니 술에 취한 제가 감자탕을 꼭 먹어야 한다고 우겨서 감자탕을 먹으러 갔대요. 그런데 거기서도 탄수화물은 먹으면 안 되고, 고기도 양념에 소금이 들었다며 먹지 않고 쌈장 없이 풋고추와 오이하고만 술을 계속 마셨다고 합니다. 그래서 제 친구는 '야, 이 언니 의지가 대단하다. 술은 먹지만 식단은 지키는구나' 하고 생각했대요.

그런데 문제는 이때부터였습니다. 감자탕을 다 먹고 밥을 볶았는데, 갑자기 제 눈이 희번뜩 뒤집어지더니 실성한 사람마냥 냄비에 코를 처박고 밥을 마구 퍼먹더래요. 심지어 남은 볶음밥은 아주머니한테 검정 비닐봉지를 달라고 해서 그 안에 막 퍼 담더니 실성한 사람마냥 히죽대며 소중하게 주머니에 넣더랍니다.

제 주머니에 들어 있던 건 바로 감자탕 볶음밥이었던 거죠. 다음 날 일어났는데 얼마나 후회가 되던지……. 저는 스스로에게 주는 벌로 다이어트 기간을 일주일 더 추가하기로 했습니다. 이걸 만회하려면 일주일은 추가해야 한다고 생각했어요.

다이어트를 하다 보면 멘탈이 흔들려서 식단 관리에 실패하는 날이 한 번쯤은 반드시 옵니다. 후회하면서 자책하지 말고 '다 술 탓이다', '치킨 탓이다', 혹은 '미쳐 날뛰는 그날의 호르몬 탓이다' 생각하고 털어내야 합니다. 먹고 무너진 만큼 빨리 되돌려야 합니다. 그러면 다시 돌아갈 수 있어요. 마치 부부관계처럼 말이에요. 부부 싸움 오래 끌어봤자 나중에는 무엇 때문에 싸웠는지 기억도 나지 않으면서도 한 달이고 두 달이고 필요없는 감정 소비만 해대다 시간 낭비해본 경험, 있으시죠?

감자탕 볶음밥을 먹은 다음 날 헬스장에 가서 인바디를 재보니까 걱정과는 달리 0.5kg밖에 안 불었더라고요. 한번 체지방 커팅을 하면 실수로 이렇게 좀 먹어도 옛날처럼 2~3kg 붓지 않아요. 빨리 회복 가능합니다. 안 먹던 염분을 먹어서 부은 정도죠. 저는 '퍼먹은 다음 날은 유산소를 한 시간 더 한다'를 규칙으로 세웠어요. 만약 오전에 시간이 없어서 출근 전에 짧게 한 시간하고 출근했다면 퇴근하고 다시 헬스장에 가서 한 시간을 더 하는 거예요. 그러면 되돌릴 수 있습니다.

전날 먹은 건 훌훌 털어내고 다음 날 최대한 빨리 물을 두 배로 마시고 유산소운동도 두 배로 하면서 전날 먹은 음식들을 빼내고 다시 시작하면 돼요. 망했다고 주저앉을 필요 없습니다.

#그날의검정봉다리 #난내가土한줄

성공이란 열정을 잃지 않고 실패를 거듭할 수 있는 능력이다.
- 윈스턴 처칠

오늘의 음식

오늘의 운동

#내일의 다짐

하루 네 끼 식단으로 근육 만들기

건강한 다이어트의 기본은 식단 관리와 운동입니다. 앞에서도 여러 번 언급한 것처럼 이 둘이 병행되어야만 다이어트가 끝나고 살이 찌지 않는 체질이 될 수 있습니다. 저는 100일 동안 공복감 없이 하루 네 끼 먹기를 계획으로 잡았어요. 아침, 점심, 간식, 저녁 이렇게 네 번 먹었습니다.

먼저 아침은 공복 유산소 후에 고단백저탄수 식단으로 닭가슴살과 현미밥 반 공기 그리고 사과 한 쪽을 먹었어요. 점심에는 아침 식단에 달걀 프라이나 두부 구이를 추가한 도시락을 두유와 같이 먹었고, 도시락을 챙기지 못한 날에는 편의점에서 파는 닭가슴살 샐러드라도 사와서 구내식당에서 반찬으로 먹고, 피치 못할 사정으로 일반 식당에 가야 하는 날에는 메뉴를 채소와 단백질 위주로 조절하면서 먹었습니다. 예를 들어 쌀국수집에 갔다면 전에는 당연히 쌀국수 한 그릇을 원샷했을 텐데, 그러지 않고 월남쌈을 주문해서 라이스페이퍼 없이 야채와 고기만 먹었습니다. 한식은 콩비지나 순두부 같은 콩 음식을 간 없이 끓여달라 주문해서 먹는 식으로요.

약간 출출한 4~5시 사이에는 견과류 한 줌을 꼭꼭 씹어서 방울토마토와 먹었습니다. 이것들로 허기를 해결할 수 없는 날이거나 점심에 단백질이 부족했던 날은 프로틴 쉐이크 한 컵이나 무가당두유를 추가해 먹었습니다. 저녁에는 아예 탄수화물 없이 닭가슴살이나 두부와 같은 단백질 음식을 채소와 함께 먹었습니다. 아이가 늦게 자거나 밤에 허기가 질 때는 오이나 당근을 씹어 먹으면서 허기를 달랬고요.

듣다 보니 너무 복잡해보이나요? 그렇지 않습니다. 일주일만 써 붙여

SBS 구내식당에서 닭가슴살을 반찬으로 한 끼

두고 운동하면서 입맛이 있던 없던 순서대로 먹어보세요. 적응만 되면 아주 정확한 시간에 정확히 그 메뉴가 당겨요. 오후 간식 시간엔 고소한 게 씹고 싶네 하는 생각이 타이밍 맞춰 든다니까요?

저는 원래 아침을 안 먹는 순도 500퍼센트 야행성 인간이었어요. 아이를 낳고 부지런해졌다 해도, 평생을 안 먹던 아침밥을 입맛도 없는데 챙기려니까 잘 안 들어가더라고요. 하지만 아침에 공복 유산소를 하고 나면 굉장히 배가 고파요. 힘들게 운동한 후 첫 끼 스타트부터 잘 지키면, 점심에 폭식하는 일이 없어지면서 규칙적이고 건강한 하루 네 끼 식단을 잘 지킬 수 있습니다. 물론 아침에 배가 고파서 벌떡벌떡 잘 깨기도 했고요.

우리가 풍문으로 들었던 '6시 이후에는 물 한 모금 없이 무조건 금식', '한 끼 칼로리는 500kcal 이하' 같은 이야기는 모두 잊어버리세요. 잘 먹으면서도 살 뺄 수 있습니다.

#하루네끼 #안선영식단

나는 환경의 산물이 아니다.
내 결정의 산물이다.
- 스티븐 코비

오늘의 음식

오늘의 운동

#내일의 다짐

탄수화물은 무조건 나쁠까

다이어트를 할 때 탄수화물을 줄여야 하는 건 이제 거의 일반상식이 되었죠? 저 역시 계속 고단백저탄수 식단을 말했고요. 하지만 탄수화물을 완전히 끊어서는 안 됩니다. 탄수화물은 우리 몸이 기능하는 데 필요한 에너지를 주기 때문에 반드시 섭취해야 해요.

무조건 탄수화물 섭취를 줄이는 것이 아니라 혈당지수(Glycemic Index)가 낮은 착한 탄수화물을 먹어야 합니다. 그래야 탄수화물이 지방으로 변해 체내에 축적되는 것을 예방할 수 있어요. 우리가 탄수화물을 섭취하면 탄수화물에 들어 있는 당분 때문에 혈당이 올라가는데 이를 내리기 위해 췌장에서 인슐린을 분비합니다. 그런데 갑작스럽게 혈당이 올라가서 인슐린이 과잉 분비될 경우 잉여 인슐린들이 쓰지 못한 당을 지방으로 저장해버려요.

이렇게 지방이 축적되는 것을 막으려면 혈당치를 갑자기 올리지 않는 탄수화물 위주로 식단을 짜야겠죠? 이때 도움을 주는 것이 혈당지수입니다. 혈당지수는 음식 섭취 후 혈당의 상승 정도를 나타내는 수치로 높을수록 혈당이 급격하게 상승하는 것을 뜻합니다. 흰밥 말고 현미밥, 고구마 등으로 대체하라는 것도 혈당지수가 낮기 때문이에요.

육류 중에도 혈당지수가 낮은 것이 있고 과일과 채소류 중에도 혈당지수가 높은 것이 있습니다. 무조건 '탄수화물이라 안 돼'라고 생각하지 마시고 혈당지수를 고려해서 식단을 짜보세요.

- 저GI식품　　낫토, 양배추, 어류, 콩류, 해조류, 현미
- 중GI식품　　단호박, 베이컨
- 고GI식품　　감자, 떡, 라면, 백미, 식빵, 옥수수, 초콜릿

스스로를 신뢰하는 순간
어떻게 살아야 할지 깨닫게 된다.
- 요한 볼프강 폰 괴테

오늘의 음식

오늘의 운동

#내일의 다짐

골고루 섭취해야 하는 단백질

고단백저탄수 식단에서 탄수화물을 짚어보았으니 이번에는 단백질에 대해 알아볼까요?

단백질은 근육을 만들어줄 뿐만 아니라 탄수화물이나 지방 이상으로 우리 몸의 신진대사를 촉진시켜주는 중요한 영양소입니다. 단백질에는 식물성 단백질과 동물성 단백질이 있는데 식물성은 콩, 새싹, 두부, 견과류 등에 많고 동물성은 소고기, 닭가슴살, 저지방 우유 등에 많습니다. 다이어트 할 때 닭가슴살만 먹으면서 충분히 단백질을 섭취했다고 생각하지 말고, 두부와 콩 같은 식물성 단백질도 많이 섭취해야 합니다.

저는 워낙 콩 음식을 좋아해서 두부와 콩을 적극 활용했어요. 두부로 탕도 하고 구이도 하고 생으로 먹기도 했죠. 다이어트를 하면서 영양소를 제대로 챙기지 않으면 건강에 무리가 와서 성공할 수가 없습니다.

건강한 다이어트를 꾸준히 하고 싶다면 이 기회에 영양소에 대해서 제대로 공부하는 것도 방법입니다. 지금 한번 배워놓으면 평생 건강한 식습관을 가질 수 있으니까요!

#다이어트는굶는게아니라 #무엇을어떻게골라먹느냐가핵심 #쫄쫄굶다폭식하기없기

 김해영 원장의 똑똑한 다이어트

콩류를 섭취할 때는 유전자변형식품(GMO)이 아닌지 꼭 확인하고, 콩류에 알레르기가 있다면 무리해서 섭취하지 않도록 합니다.

그대가 마주칠 수 있는 가장 고약한 적은
언제나 그대 자신일 것이다.
- 프리드리히 니체

오늘의 음식

오늘의 운동

#내일의 다짐

과일과 채소를 구분하라

식단 관리를 하면서 좋아하던 과일을 끊으니까 남편이 묻더라고요. "과일은 괜찮은 거 아니야?" 많은 분들이 제 남편처럼 과일은 다이어트에 도움이 되는 음식이라고 생각하지만 딱히 그렇지도 않습니다. 과일도 탄수화물이에요. 심지어 당도도 아주 높죠.

다이어트를 할 때 도움이 되는 건 식이섬유, 비타민, 미네랄이 풍부한 채소입니다. 오이, 당근, 양배추, 방울토마토 같은 친구들이죠. 물론 과일도 영양소가 풍부하지만 당도가 높아요. 당분 함량이 높고 과당도 많이 들어있어서 저는 아침 사과 한두 쪽을 제외하고는 100일 동안 과일을 끊었습니다.

해독주스가 건강에 좋다는 이야기를 듣고 채소를 갈아서 마시는 분들도 많을 겁니다. 그런데 채소만 넣으면 영양에는 좋은데 맛이 없으니까 꼭 사과나 바나나를 추가하는 분들이 있어요. 이러면 해독주스가 아니라 그냥 과일주스입니다. 과일의 과당 흡수만 도울 뿐이에요.

과일은 먹어도 살이 안 찐다고 생각하고 마음 편히 먹으면 안 됩니다. 과일과 채소를 구분하고 100일 동안은 채소 위주로 섭취하는 습관을 들이세요.

#과일은살안쪄요 #내가쪄요 #100일간은과일빠이

실천이 말보다 낫다.
- 벤자민 프랭클린

오늘의 음식

오늘의 운동

#내일의 다짐

다이어터들의 필수품, 견과류

다이어트의 또 다른 친구, 바로 견과류죠. 저도 허기를 달래는 간식으로 견과류를 많이 먹었습니다. 그러나 견과류도 기본적으로는 탄수화물이 함유된 식품이기 때문에 배고프다고 한 봉지를 다 때려 넣으면 안 됩니다. 하루 최대 한 줌 정도만 먹는 것이 좋아요. 물론 강호동 주먹 한 줌 말고요!

마트에서 흔히 볼 수 있는 봉지에 하루 치 견과가 담겨 있는 제품들에는 건포도나 크랜베리 같은 말린 과일이 들어 있어서 추천하지 않습니다. 이것들은 과당이 압축된 설탕 덩어리나 다름없기 때문에 빼놓고 먹거나, 절반은 버려야 합니다. 돈이 아깝다면 저처럼 직접 준비하는 것을 추천합니다. 저는 아몬드, 사차인치, 카카오닙스 등을 대량으로 구매해서 앞에서 말씀드렸던 아기 분유통에 담아 다녔어요. 생각보다 귀찮지 않고 훨씬 더 경제적입니다. 게다가 자신이 좋아하는 견과류 중심으로 조합할 수도 있고요. 아몬드 먹다가 물리면 호두로 바꾸고, 호두도 물리면 사차인치로 바꾸고 원하는 대로 조합하는 거죠. 반드시 무염에 아무 양념도 하지 않은 로스팅 제품만 골라먹고, 하루에 최대 한 줌! 그 이상은 먹지 않도록 주의하기만 하면 됩니다.

#견과류가다이어트식품이라고 #말로먹다간 #잣돼요 #가평잣

우리는 장미덤불에 가시가 있다고 불평할 수도 있고
가시덤불에 장미가 있다고 기뻐할 수도 있다.
- 오스카 와일드

오늘의 음식

오늘의 운동

#내일의 다짐

세상에 공짜로 저절로 되는 건 하나도 없다

여태껏 먹고 싶고 당기는 대로 대충 먹었는데 이제 와 탄수화물, 단백질, GI까지 생각하려니 머리가 아프고 '내가 이 나이에 아이돌을 할 것도 아닌데' 하는 마음이 들죠? 저도 육아 스트레스를 핑계로 매일 술 퍼먹고 야식 먹을 때가 좋았지, 날아간 근육을 다시 만들고 지방을 덜어내려니 아주 죽겠더라고요. 근력운동을 할 때도 트레이너 선생님에게 "저그만할래요", "다음에 해요" 소리가 늘 목구멍까지 차올랐습니다.

그런데 생각해보면 우리가 그동안 우리 몸을 방치했기 때문에 지금 이렇게 고생하는 거 아니겠어요? 조금만 신경 써서 몸에 좋은 음식을 먹고, 근육 관리를 잘했다면 덥고 추운 날에 무거운 엉덩이를 들고 어디 끌려가는 소처럼 죽을상으로 헬스장에 가지 않아도 됐겠죠.

이번에 또 미루면 미래의 내가 고생합니다. 세상에 공짜로 저절로 되는 건 하나도 없어요. 자고 일어났는데 저절로 명품 복근이 생기겠어요? 8등신 모델 사진을 바라만 본다고 내 팔다리가 매끈하게 변하나요? 로또에 당첨되려면 된다 안 된다 말만 말고 일단 뛰쳐나가 로또를 구입해야 하는 것처럼 건강하고 예쁜 몸매를 원한다면 식단 관리와 운동을 해야 합니다. 그것도 언제? 내일 말고 오늘, 나중에 말고 지금 말이죠.

저도 하루아침에 지금처럼 복근이 생기고, 청바지에 무심하게 티셔츠를 찔러 넣을 수 있게 된 게 아니에요. 괜히 40줄이겠어요? 간절히 바라고 또 죽어라 노력한 결과입니다. 내 몸이 바뀌면 제일 행복한 건 바로나 자신입니다. 건강한 몸보다 더 큰 부귀영화는 없어요.

#최고의투자는 #내몸에투자하기 #자동차보험 #암보험만찾지말고 #진짜건강보험은
#바로 운동

닭지 않고 광택 나는 보석이 없듯이
시련 없이 완전해지는 인간은 없다.
- 세네카

오늘의 음식

오늘의 운동

#내일의 다짐

● **다이어트 상담소**

Q 닭가슴살 쉽고 맛있게 먹는 방법 없나요?

Ⓐ　저는 닭가슴살을 삶아서 그대로 먹지 않고 요리에 많이 활용했습니다. 우선 일주일에 한 번 장을 볼 때 1kg짜리 닭가슴살을 사서 손질 후 소분해두었습니다. 일주일 분량의 닭가슴살을 준비하는 거죠.

닭가슴살을 볶아도 먹고, 달걀과 함께 찜으로도 먹고, 올리브유에 노릇하게 구워서 스테이크로도 먹었습니다. 만약 이게 귀찮다면 시판 닭가슴살팩을 구매해도 됩니다. 요즘에는 브랜드도 다양하고 종류도 많더라고요. 하지만 기왕이면 양념 없는 무염으로 고르세요. 3W 끊기를 생활로 만들어야 하니까요. 다음 장부터 맛있게 먹을 수 있는 다이어트 음식을 소개할 텐데 1번부터 4번까지가 닭가슴살을 활용한 음식들입니다. 100일 동안 물리지 않게 닭가슴살을 먹을 수 있도록 도와줄 거예요.

바로어무이표닭가슴살 준비하는 법
#바로어무이표닭찌찌살 #1kg으로일주일

1　시중 마트에서 파는 닭가슴살(1kg)을 사서 흐르는 물에 깨끗이 손질한 뒤 키친타월로 물기를 제거한다.

2　저지방우유에 30분쯤 담가둔다. 허브가루나 강황가루, 후추 등이 있으면 같이 섞어도 좋다.

3　재워둔 닭가슴살을 끓는 물에 핑크색이 없어질 정도만 삶는다.

4　닭가슴살을 건져낸 뒤 식혀서 일주일 치를 소분해둔다.

움직이지 않는 사람들은
자신을 묶어놓은 사슬을 눈치채지 못한다.
- 로자 룩셈부르크

오늘의 음식

오늘의 운동

#내일의 다짐

입이 즐거운 다이어트식 1

닭가슴살콩샐러드

#상큼하게 #닭가슴살먹는법 #드레싱귀찮으면 #올리브오일만넣어도OK

재료 **바로어무이표닭가슴살, 방울토마토,
오이, 당근, 각종 콩**(병아리콩, 검은콩, 강
낭콩 등)

1 좋아하는 콩을 삶는다. 콩은 찬물에 씻어 물기를 제거하고, 삶은 닭가슴살은
먹기 좋은 크기로 자른다.

2 준비한 채소를 깍둑썰기한다(아보카도를 넣어도 좋다).

3 채소와 콩 그리고 닭가슴살을 볼에 담아 샐러드 드레싱 재료(올리브오일, 발사믹
식초, 레몬후추, 바질가루)를 적당히 넣어 입맛에 맞게 버무린다.

삶을 살아가는 두 가지 방법이 있다.
마치 아무것도 기적이 아니라는 듯 사는 방법과
모든 것이 기적이라는 듯 사는 방법이다.
- 알버트 아인슈타인

오늘의 음식

오늘의 운동

#내일의 다짐

입이 즐거운 다이어트식 2

불고기닭가슴살볶음

#주말특별식 #닭가슴살도맛있게

재료 **바로어무이표닭가슴살, 불고기, 당근,
양파, 양배추, 청양고추**

1 바로어무이표닭가슴살을 깍둑썰기해서 한입 크기로 자른다.

2 아기용으로 순하게 간한 불고기 또는 시판 불고기를 국물 없이 고기 부위만
100g 준비한다.

3 집에 있는 야채를 달군 팬에 올리브유를 약간 두르고 센 불에서 볶다가 물을
한 국자 넣고 준비한 닭가슴살과 불고기와 섞어서 볶는다. 양배추를 넉넉히
넣었다면 물을 넣지 않아도 된다.

4 간을 보고 싱겁다 싶을 땐 청양고추로 칼칼한 맛을 더한다.

5 현미밥 반 공기에 얹어서 먹으면 훌륭한 한 끼!

청춘은 인생의 어느 기간이 아니라
우리의 마음의 상태다.
- 사무엘 울만

오늘의 음식

오늘의 운동

#내일의 다짐

입이 즐거운 다이어트식 3

닭가슴살달걀찜

#이것저것다귀찮을때 #전자레인지최고

재료 **바로어무이표닭가슴살, 청양고추, 달걀**

1 달걀 세 알을 알끈을 제거하고 물 또는 저지방우유를 종이컵 반 컵 정도 넣어 잘 섞는다.

2 바로어무이표닭가슴살 한 덩어리(200g)를 깍둑썰기해서 섞어준다.

3 청양고추를 쫑쫑 썰어 닭가슴살과 달걀과 함께 섞는다.

4 전자레인지용 용기에 넣고 랩을 씌운 후 젓가락으로 구멍을 두세 개 뚫고 전자레인지 달걀찜 기능으로 돌린다.

5 초간단 요리 완성!

매일 아침 하루 일과를 계획하고 이를 실행하는 사람은
바쁜 삶의 미로에서 그를 안내할 한 올의 실을 가지고 있는 것이다.
- 빅토르 위고

오늘의 음식

오늘의 운동

#내일의 다짐

입이 즐거운 다이어트식 4

닭가슴살곤약비빔국수

#매콤하게먹고싶을때 #떡볶이대용 #스리라차소스

재료 **바로어무이표닭가슴살, 곤약, 당근, 셀러리, 오이, 파프리카, 삶은 달걀**

1   곤약을 데친다. 이때 냄새를 제거하기 위해 물에 식초 두세 방울을 넣어 끓인다. 다 데친 곤약을 찬물에 씻은 후 체에 걸러 물기를 뺀다.

2   닭가슴살은 손으로 찢어준다.

3   오이, 파프리카, 당근, 셀러리는 채를 썬다.

4   스리라차소스, 매실 액기스, 참기름을 넣고 골고루 섞는다.

5   그릇에 곤약을 넣고 그 위에 닭가슴살과 각종 채소를 얹는다. 볶은 참깨를 뿌리고 삶은 달걀은 반 갈라 올린다.

과거는 유령, 미래는 꿈.
우리가 가질 수 있는 것은 현재뿐.
- 빌 코스비

오늘의 음식

오늘의 운동

#내일의 다짐

입이 즐거운 다이어트식 5

낫토샐러드

#아이가넘보는다이어트식 #드레싱귀찮으면 #오리엔탈드레싱만넣어도OK

재료 **오이, 당근, 낫토, 슬라이스 아몬드**

1 오이와 당근은 보기 좋게 채를 썬다.

2 채를 썬 채소와 낫또를 섞는다.

3 샐러드 드레싱 재료(올리브오일, 오리엔탈드레싱, 고춧가루)를 간을 보면서 2번과 함께 버무린다.

4 마지막에 슬라이스 아몬드를 뿌려준다.

날씬한 것보다 달콤한 것은 없어요.
- 케이트 모스

오늘의 음식

오늘의 운동

#내일의 다짐

입이 즐거운 다이어트식 6

참치아보카도잡곡덮밥

#콩과셀러리의조화 #주말특별식

재료 **참치 한 팩, 아보카도, 셀러리, 혼합콩, 청양고추, 현미, 귀리, 흑미**

1   현미, 귀리, 흑미를 30분 정도 불렸다가 압력밥솥에 밥을 한다.

2   아보카도, 셀러리, 청양고추(풋고추로 대체 가능)를 썬다.

3   생 혼합콩을 삶은 후 20분 정도 식힌다.

4   밥이 다 되면 그릇에 밥을 넣고 그 위에 삶은 혼합콩, 셀러리, 아보카도, 참치, 청양고추를 얹는다.

5   간을 보면서 소스 재료(올리브오일, 유즈폰즈, 바질 페스토,후추, 연와사비)를 넣고 골고루 섞는다.

나는 행운을 굳게 믿는다.
내가 더 열심히 일할수록 행운이 더 따른다.
- 토머스 제퍼슨

오늘의 음식

오늘의 운동

#내일의 다짐

D 40

다이어트 상담소

Q 영양제나 건강식품은 어떤 걸 먹어야 하나요?

Ⓐ   다이어트 중에는 영양제를 꼭 챙겨 먹어야 합니다. 보통 뚱뚱한 사람은 며칠 굶어도 축적해둔 영양분이 많아서 거뜬할 거라고 생각하지만 그렇지 않아요. 오히려 뚱뚱한 사람이 불균형한 영양 상태인 경우가 많죠.

다이어트 시작하기 전에 제 조언대로 모두 건강 상태 확인하셨죠? 그 결과를 바탕으로 각자에게 맞는 영양제나 건강식품을 챙겨 먹으면 됩니다. 저는 유산균, 멀티 비타민을 꾸준히 복용했어요. 다이어트를 도와주는 건강식품으로 과일즙이나 클렌즈주스 등도 유행입니다만, 이 또한 원푸드 다이어트인지라 단기간에 효과를 볼 수는 있지만 요요가 올 수 있어서 패스했습니다. 유행하는 가르시니아와 탄수화물 억제제는 제가 20대에 운동하기 싫어서 많이 챙겨 먹던 애정템(?)인데 체중과 함께 머리숱도 줄어드는 부작용을 몸소 경험했기에(다 개인차가 있겠지만요) 화학 억제제도 패스. 요즘 유행하는 허브 추출물은 100퍼센트 식물 추출물인가 따져보고, 운동으로도 잘 안 빠지는 내장 지방 감소를 위해서 레몬밤 추출물을 일단 골랐어요.

다이어트 건강식품은 종류도 많고 기능도 각양각색인데 저처럼 체질과 성격, 습관, 하고자 하는 다이어트에 도움이 되는 성분을 먼저 선택하고 임상 결과를 꼼꼼히 따져본 후 제품을 선택하시면 좋을 것 같아요.

#아무리좋은가솔린도 #넣기만하고달리지않으면 #무용지물

삶의 주인은 바로 '나'다.
행복도, 불행도 내가 선택하고 내가 해석하는 만큼 달라진다.
- 김미경, 『꿈이 있는 아내는 늙지 않는다』

오늘의 음식

오늘의 운동

#내일의 다짐

다이어트가 곧 건강 재테크

지금까지 다이어트를 꾸준히 잘해왔다면 이제 슬슬 다른 것들이 눈에 들어올 거예요. 예를 들어 기능이 좋은 운동복과 운동화, 보충제를 비롯한 건강식품, 좋은 트레이너의 비싼 PT 같은 것들이요.

여기에 투자는 하고 싶지만 지금으로도 충분한데 더 돈을 쓰지 말자고 스스로를 달랠 수도 있어요. 하지만 저는 내 몸에는 기꺼이 투자하시라고 말하고 싶습니다.

제가 다이어트 기간 동안 비싼 보충제를 먹고 비싼 PT를 받았어도 그보다 절약한 돈이 훨씬 더 많습니다. 사람 안 만나지, 술 안 먹지, 카페 가서 케이크에 커피 안 마시지……. 그동안 인맥 관리, 인기 관리 한답시고 써댄 외식비며 술값은 허공에 사라지고 지방만 남겼더군요. 그리고 그렇게 투자한 인맥이 내 마음처럼 진짜 나를 아껴주고 내 미래에 큰 도움이 될 일은 로또 당첨만큼이나 어려운 일이고요. 이런 데 쓰던 돈을 다이어트 하면서 모두 절약할 수 있습니다.

특히 피부가 좋아져서 아끼는 돈이 어마어마합니다. 물도 많이 마시고, 숙면을 취하니까 피부가 점점 깨끗해지더군요. 옛날에는 손 덜덜 떨어가며 백화점 무이자 할부를 하더라도 50만 원짜리 화장품 세트를 써야 했는데, 지금은 만 원대 로션을 발라도 문제없어요. 텔리비전 화면에 잘 나오기 위해 정기적으로 받던 토닝, 레이저, 미백 등 피부 관리도 받을 필요가 없어졌습니다. 피부가 밝아졌으니까요.

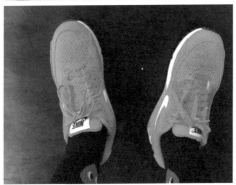

엄마가 형광색 에어로빅복을 입을 때마다
너무 창피했던 소녀도 나이가 드니 형광색 홀릭

D39

소소하게는 요구르트값 같은 게 있겠네요. 물과 채소를 많이 섭취하니까 변비가 없어졌고, 자연스럽게 변비 때문에 받아먹던 요구르트를 끊었어요.

헬스장도 마찬가지입니다. 헬스장에 가면 뜨거운 물을 마음대로 쓰며 샤워할 수 있고, 전기도 펑펑 쓸 수 있죠. 그래서 저는 아침에 눈 뜨면 무조건 헬스장에 가서 공복 유산소를 하면서 텔레비전 보고 샤워하고 왔습니다.

지금 내 몸에 투자하는 돈 아끼다가 미래에 병원비로 더 많은 돈을 지출할 수 있습니다. 보험을 드는 것처럼 건강 재테크를 한다고 생각하세요. 건강을 위한 투자는 절대 아낄 필요가 없는 투자입니다.

#가장가성비좋은투자 #바로내몸에투자하기

마인드
점검

다이어트를 하면서 절약한 돈이 있나요?
다이어트가 지갑 사정에 미친 영향을 써봅시다.

다이어트에 투자한 돈

다이어트로 아낀 돈

체중 기록보다 중요한 눈바디

운동 좀 한다 하는 사람들의 공통점이 뭔지 아세요? 자기 몸 사진을 엄청 많이 찍어요! 매일매일 헬스장에 가서 자기 몸 사진 찍고, 운동하는 거 찍고 아주 난리가 나죠. 저도 운동하기 전에는 걔네들이 왜 그러는지 전혀 이해할 수가 없었어요. '저것들이 벗으려고 운동을 하나? 흥!' 하면서 싸잡아 노출증 환자라고 매도하면서요.

그런데 저도 운동을 하고 몸에 변화가 나타나기 시작하니까 사진을 안 찍을 수가 없더라고요. 게다가 '날씬 55'가 목표였던 터라 사이즈 확인을 위해서라도 사진을 찍는 게 도움이 되었습니다.

눈과 인바디를 합친 '눈바디'라는 말이 다이어터들 사이에서 유행하는 것도 이 때문일 거예요. 몸무게 감량보다는 눈으로 신체의 변화를 확인하는 게 동기 부여도 되고 계속 유지할 힘도 주거든요.

매일매일은 아니더라도 운동 끝나고 집에 가는 길에 혹은 아침에 씻기 전에 주기적으로 눈바디를 확인하세요. 조금씩 달라지는 내 모습에 힘이 날 겁니다.

#두눈부릅뜨고 #찍어보자 #눈바디

고개를 들어라. 각도가 곧 태도다.
- 프랭크 시나트라

오늘의 음식

오늘의 운동

#내일의 다짐

성취감을 얻는 가장 빠른 방법

제가 다니던 헬스장에 '바디 챌린지'라고 회원들을 대상으로 매년 초에 몸 만드는 경쟁 프로그램이 있었습니다. 일부러 참가비까지 지불하며 도전했죠. 서로 경쟁하며 운동할 수 있어서 승부욕도 자극하고 목표의식이 생기니 더 재미가 붙더군요. 약 두 달 동안 진행하는 프로그램이었는데 다들 열심히 나와 운동을 해서 정초에 썰렁하지 않게 기운 내며 운동하기 딱 좋았지요.

말을 따로 나누거나 하진 않았지만 100일 동안 헬스장에 출석체크를 하다 보니 눈인사 주고받고 자주 마주치는 낯익은 멤버들도 생겼습니다. 알아보고 반겨주는 멤버들이 생기니 농땡이 치기도 힘들고 더 몰입하게 되더라고요. 기대한 것 이상으로 매우 보람찬 시간이었습니다.

학창시절에는 워낙 빌빌이어서 체력장을 하면 뒤에서 등수를 세는 게 빠른 아이였는데, 놀랍게도! 제가 이 프로그램에서 여자 1등을 했습니다! 20대도 많았는데 말이죠! 어흑, 다시 생각해도 정말 감격스럽네요. 저 좀 잠시 울게요. 심지어 체력장은 만점을 받지 않았겠습니까? 어마어마한 결과죠? 일주일에 한 번 하는 PT 비용의 본전을 뽑으려고 매일 시간 남을 때마다 혼자 헬스장에 가서 운동한 보람이 있었습니다.

10대에도 못 해낸 걸 40대에 해냈으니 제가 얼마나 뿌듯했는지 상상이 가시나요? 스스로가 대견하고 앞으로 뭐든 해낼 수 있을 것 같은 생각이 들더군요.

영광의 바디챌린지 여자 1등 상패

우리가 어른이 되어 살다 보면 성취감을 느낄 만한 일이 별로 없잖아요? 뭘 해도 부족한 것 같고 칭찬해주는 사람도 별로 없고 해냈다는 기분을 느낄 수 있는 일도 별로 없죠. 그런데 운동을 하면 이런 순간이 참 많습니다. 하기 싫은 거 잘 참고 해냈고, 먹고 싶은 거 잘 참고 견뎠고, 대단하고 특별할 미래를 위해 오늘 하루도 나는 나를 이겼다라고 생각할 순간들이 흘러넘쳐요.

그러니 이런 성취감들을 만끽하면서 즐겁게 다이어트 하세요!

#바디챌린지 #여자1등해따 #역시한다면하는 #대한민국아주미 #상품에눈멀었던건 #안비밀

당신이 되고 싶던 어떤 존재가 되기에는
지금도 결코 늦지 않았다.
- 조지 엘리엇

오늘의 음식

오늘의 운동

#내일의 다짐

성공적인 다이어트를 위한 필요조건

자기 자신과 타협하지 않고 꾸준히 운동하고 식단을 잘 지키는 것도 중요하지만, 사실 엄마들의 다이어트에 가장 필요한 것 중 하나가 가족의 지원입니다. 혼자 산다면 문제가 없겠지만 가족과 함께 살면 우리의 식단이 곧 가족의 식단에도 영향을 끼치기 마련이니까요. 그들은 강제로 다이어트를 시작하게 되는 것이나 다름없죠.

지금은 남편이 제 다이어트의 가장 든든한 지원군이지만 처음부터 적극적으로 도와준 것은 아니었어요. 초기에 배달 음식을 다 끊고 채소 위주로 식단을 바꿨더니 남편이 퇴근 후에 돌아와서 집에 먹을 게 없다고 하면서 맨날 라면만 끓여 먹더라고요. 남편은 집에 와도 먹을 게 없어서 짜증나고(심지어 냉장고 문 열다 눈 마주치면 당길까 봐 김치도 다 안 보이는 곳으로 치워두었거든요) 또 저는 저대로 먹고 싶은 거 참고 오이 썰어 먹고 있는데 옆에서 라면 냄새 풍겨대니까 짜증나고⋯⋯. 처음에는 거의 맨날 싸웠던 것 같아요. 저처럼 확실한 동기와 굳은 의지가 있어도 쉽지 않은 것이 다이어트인데 남편은 강제로 시작하게 되었으니 오죽했겠습니다. 다투기도 참 많이 다퉜죠.

그런데 제가 정말 성실히, 꾸준하게 다이어트를 하니까 저를 보는 눈이 달라지더라고요. 초반에는 '며칠 하다가 말 거면서 왜 또 시작하는 걸까'라는 의구심이 있었다면 시간이 갈수록 '이번에는 진짜구나' 하고 깨달은 것 같아요. 그러다 보니 응원하고 지지해주게 되는 거죠. 아이를 낳고 부쩍 의기소침해지고 히스테리를 부리던 제가 운동을 하면서 밝아지고 짜증이 적어지니까 다이어트를 하는 게 본인과 아이에게도 좋다고 느낀 것 같고요.

운동은 내가 했지만 가족의 도움 없이는 못 만들었을 복근

D°36

이제는 남편이 토요일에 "애 데리고 사우나에 다녀올 테니 운동하고 와"라고 말하는 사람으로 바뀌었습니다. 알아서 고구마 구워놓고 자고 그래요. 언젠가는 자기를 '고달'이라고 부르라고 하더군요. 무슨 뜻이냐고 물으니까 '군고구마의 달인'이래요.

가족의 관심과 지원이 있어야지만 100일을 해낼 수 있어요. 그리고 가족으로부터 관심과 지원을 이끌어내는 것은 우리의 노력입니다. 물론 부비며 사는 가장 가까운 사이이기에 더 상처를 줄 수도 있는 존재지만, 내가 굳은 결심하고 달라지는 모습을 매일매일 보이면 가족들의 눈빛도 달라지더라고요.

가족들이 우리의 다이어트를 응원해줄 때까지 힘을 내봅시다!

#남의편이남편이라지만 #살빼니젤좋아하는사람 #바로남편

당신을 끊임없이 다른 누군가로 만들려는 세상에서
당신 자신이 되는 것은 가장 위대한 성취다.
- 랄프 알도 에머슨

오늘의 음식

오늘의 운동

#내일의 다짐

땀은 나를 배신하지 않는다

18년 동안 연예계 활동을 하면서 좋은 사람도 많이 만나고 주변 사람으로부터 얻는 위로가 얼마나 큰 힘이 되는지도 알게 되었지만 그만큼 사람에게 상처 받는 일도 많았습니다. 그래도 사람 일은 사람으로 푸는 거라 생각해서 속상하거나 힘든 일이 있으면 가까운 누군가를 찾아가 함께 얘기하는 것으로 풀고는 했죠. 직업의 특성상 나중에 이야깃거리가 될지도 모른다는 걱정이 있었지만 그래도 그때는 최선의 고민 해결 방법이라고 생각했습니다. 연예인이기 전에 저도 사람이니까요.

그런데 운동을 시작한 뒤로는 생각이 바뀌었습니다. 요즘에는 사람 때문에 마음이 다치거나 속상한 일이 생기면 술이나 사람을 찾는 대신 운동을 해요. 머릿속이 시끄럽고 마음이 어지러워도 헉헉대고 땀을 흘리며 몸을 움직이다 보면 나를 괴롭히던 문제들도 별 것 아닌 것처럼 느껴지고 그저 시원한 물 한 잔만이 간절해지거든요.

힘들고 지친 마음을 이겨내고 흘린 땀은 그 어느 것보다 값져요. 무엇보다 나는 할 수 있다는 자신감과 이까짓 고민도 이겨낼 수 있다는 긍정의 힘을 가져다줍니다. 다른 사람이나 술에 의지해 털어내는 시름은 때론 더 큰 시름으로 돌아옵니다. 혹시 지금 나 홀로 너무나 힘들고 외롭다고 느껴진다면, 어딘가에 버려진 듯한 느낌이라면 지금이야말로 운동을 시작해보세요. 사람은 나를 배신할지 몰라도 땀은 나를 배신하지 않습니다.

#세상사람다몰라줘도 #내가흘린땀은 #하늘이알고내가아는법

비방에 상처받지 마라.
아무도 그 비방꾼을 믿지 않게 되는 인생을 살라.
– 앙드레 루이즈

오늘의 음식

오늘의 운동

#내일의 다짐

● **지방과 탄수화물**

다이어트의 기본은 저탄수화물입니다. 탄수화물을 적게 섭취하는 것이 중요한데 탄수화물 중에서도 단순탄수화물은 먹자마자 우리 몸에서 혈당을 빨리 상승시켜 인슐린 저항성을 일으키기 쉽습니다. 게다가 단순탄수화물을 반복적으로 섭취하면 혈당이 급격히 상승과 저하를 반복하며 식욕 상승을 유발합니다.

탄수화물과 함께 피해야 할 것으로 여겨지는 것이 바로 지방입니다. 다이어트를 하면 지방에 대한 두려움, 즉 지방을 적게 먹어야 한다는 강박관념에 빠질 수 있습니다. 그러나 지방은 우리 몸의 세포와 호르몬의 필수 구성요소로서, 오히려 양질의 지방을 충분히 먹는 것이 다이어트에 도움이 될 수 있습니다.

● **요요 현상 예방법**

근육을 키우면서(또는 유지하면서) 체지방을 줄이는 것이 올바른 다이어트의 핵심입니다. 예전처럼 체중계의 숫자에 연연해 굶어서 몸무게를 줄이고, 이 과정에서 근력이 같이 감소하는 근감소증 다이어트는 건강에 해롭습니다. 체중 감량에 성공한 사람들 중 약 30퍼센트 이상이 1년 내에 요요 현상이 와서 감량 전 체중으로 돌아간다고 합니다.

요요 현상을 막기 위해서는 일주일에 약 150분 가량 중강도 이상의 유산소운동을 하는 것이 도움이 됩니다. 150분을 채우되 50분씩 3번처럼 장시간 운동을 하는 것이 어렵다면 최소 10분 이상씩 15번이라도 꼭 하는 것이 좋습니다.

● 체질 vs 생활 습관

유전자 검사를 해보면 살찌기 조금 더 쉬운 체질이 있을 수는 있으나 사람의 체질은 100퍼센트 유전자에 따라 결정되는 것은 아닙니다. 일란성 쌍둥이도 한 명은 날씬하고 한 명은 통통할 수 있는 것처럼 말이죠. 의학계에서는 유전자의 영향을 적게는 30퍼센트, 많게는 60퍼센트까지 보고 있습니다. 이는 그만큼 환경이 중요하는 뜻입니다. 어떤 음식을 먹는지에 따라 유전자 발현을 변화시킬 수도 있다는 연구 결과처럼 환경과 식습관이 매우 큰 영향을 미칩니다.

Step 3

되고 싶다

살찌지 않는
체질

성공한 유지어터들의 평생 친구

약 70일 동안 유산소운동과 근력운동으로 체지방을 감량하고 근육을 만들었다면, 이제는 본인이 좋아하는 스타일의 운동으로 갈아탈 때입니다. 어떤 운동이든 상관없습니다. 본인의 성향에 맞게 고르면 돼요. 정적인 분위기를 선호하는 분은 요가나 필라테스를, 에너지 넘치는 분위기를 선호하는 분은 줌바댄스나 스피닝을 추천합니다.

원래 운동을 좋아하지 않았는데 100일 다이어트 동안 체계적으로 운동을 배우니까 운동 자체에 재미가 붙더라고요. 등록했던 PT가 끝나고 헬스장에 다니던 시간이 자유시간이 되자 다른 운동을 찾아 한 것도 운동과 가까워졌기 때문입니다. 여러분도 헬스장에 가던 시간을 집에서 누워 있는 데 쓰지 말고 다른 운동을 하는 시간으로 바꾸세요.

무슨 운동을 할까 고민할 때 친하게 지내는 최은경 언니로부터 줌바댄스를 소개받았어요. 줌바는 라틴 댄스와 대중음악을 결합해서 만든 유산소운동인데 한 시간에 1000 칼로리를 태울 수 있습니다. 제가 워낙 춤을 좋아해서 재미있어 할 거라고 했죠. 그런데 집에서 혼자 해봤는데 아무리 해도 별로 신이 안 나는 겁니다. 그래서 은경 언니가 다니는 학원에 한 달 등록을 했어요. 저도 나름 연예인이라 아침에 세수도 안 하고 뛰쳐나가서 안 감은 머리 숨기고 띵띵 부은 채로 사람들 틈에 껴 줌바를 추는 게 쉽지 않았어요. 그래도 했습니다. 2만 원 참가비가 아까워서요.

사람들하고 같이 한 시간 동안 음악에 맞춰 정신없이 몸을 움직이고 온몸으로 땀을 분출하고 나니 아주 그냥 기분이 째지더군요. 혼자 하는 것보다 이렇게 사람들과 모여 하는 게 더 재미있어서 그때부터 유산소운동용으로 줌바를 선택했어요.

함께 신나게 운동할 수 있는 친구가 있다는 즐거움

 힘들게 만든 몸매를 유지하고 싶다면 꾸준히 운동하는 습관을 들여야 합니다. 그걸 가능하게 해주는 것이 하면 기분 째지는 운동을 찾는 일이고요. 트레드밀 위를 걷거나 일반적인 근력운동을 하는 건 사실 운동 자체에서 재미를 찾기 어려워요. 그저 몸의 변화에서 재미를 찾는 거죠. 이제는 운동 그 자체에 재미를 느껴야 합니다. 그래야 운동과 평생 친구로 잘 지낼 수 있어요.
 운동을 더 재미있게 할 수 있는 방법으로 운동하는 커뮤니티를 만드

°34

는 것도 추천합니다. 인간은 사회적인 동물인지라 운동도 같이하면 더 재미있어요. 저는 줌바가 너무 재미있어서 직접 줌바팀을 하나 만들었습니다. 저한테 목요일은 불목데이예요. 줌바팀과 줌바 하는 날이거든요. 주요 일정이자 가장 기다리는 일정, 삶의 활력소 중 하나죠. 줌바 끝나면 사람들이 맥주 한잔 하러 가자고 할 것 같지만 다들 너무 격렬하게 운동해서 클래스가 끝나면 얼굴 벌개져 집에 돌아가기 바쁩니다. 회식으로 호프집에 간다 해도 생맥주 한 잔 시켜놓고 반도 제대로 못 마시고 수다만 두 시간 떨다 헤어져요. 얼마나 건전한 춤바람인가요?

술을 먹고 다닐 때는 주변에 술 먹자는 사람들만 있었습니다. 100일 다이어트 해서 몸을 만들고 났더니 지금은 운동을 좋아하는 사람만 곁에 있어요. 운동과 운동 좋아하는 사람, 성공하는 유지어터가 평생 가져가야 할 친구들입니다.

인생은 당신보다 크다.
인생은 소유하는 뭔가가 아니라, 참여하고 목격하는 것이다.
- 루이스 C.K.

오늘의 음식

오늘의 운동

내일의 다짐

우선순위에 따른 일주일 루틴 설계

여러분은 일주일을 어떻게 보내나요? 규칙적이고 정기적인 일정이 많은 편인가요, 아니면 그때그때 닥치는 대로 해결하는 불규칙적인 일정이 많은 편인가요? 전업맘이든 워킹맘이든 아이의 스케줄이 일정 관리의 가장 큰 뼈대가 될 겁니다. 아이가 어린이집에 가는 시간과 오는 시간, 정기적으로 문화센터에 가는 날 등이요.

그렇다면 일주일 중 나의 스케줄은 뭐가 있나요? 아마 대부분 딱히 이렇다 할 일이 없을 겁니다. 언제나 우리 엄마들의 일정은 우선순위에서 밀리거든요.

100일 다이어트가 끝을 향해가는 이때 우리가 꼭 해야 할 일 중 하나는 우선순위에 운동을 집어넣는 일입니다. 줌바에 재미를 느껴도 줌바를 가지 않으면 무슨 소용이 있나요? 일주일 스케줄 중에 줌바에 가는 시간을 확보해야 가서 줌바도 하고 재미도 느끼는 겁니다.

저는 헬스장에 안 가는 대신 일주일에 두 번 줌바를 가기로 했습니다. 매번 저녁 시간을 내기 어려우니까 수요일 오전에 한 번, 목요일 저녁에 한 번이요. 그때는 약속도 안 잡습니다. 학생이 학원에 가는 것처럼 그날은 무조건 줌바에 가는 날이에요. 그리고 이 스케줄에 따라 다른 일정들을 조절합니다.

예를 들어 목요일에는 저녁을 좀 일찍 먹습니다. 8시에 줌바 클래스에 가야 하는데 워낙 운동이 격렬해서 늦게 먹으면 토할 수 있거든요. 그래서 저는 이 날을 장 보는 날로 정했습니다. 일찍 장을 봐서 가볍게 저녁을 먹고 줌바를 가는 거죠. 그리고 나서 주말을 준비를 하는 시간을 갖습니다. 주말은 무조건 가족과 함께 지내려고 노력하는데 이때도

같이 땀 흘리며 친해진 줌바 클래스 친구들

루틴을 짭니다. 토요일 오전은 남편이 아이를 데리고 목욕탕에 가요. 그 시간을 저는 헬스장에 가서 한 시간 동안 복합 운동을 합니다. 사회생활을 하는 워킹맘이다 보니 회식이나 저녁 미팅을 피할 수는 없는데 보통 월요일이나 화요일에 잡습니다.

살림하는 것과 다를 게 없어요. 장을 일주일에 한 번 볼지, 두 번 볼지 정하는 것처럼요. 다만 그 기준이 운동이 되는 것이지요. 저처럼 줌바나 헬스처럼 짜여진 프로그램에 등록하지 않더라도 수요일 저녁에는 집 근처 초등학교 운동장을 한 시간 동안 빠르게 걷는다, 토요일 오전에는 남편에게 아이를 맡기고 뒷산에 올라갔다 온다 등 자기만의 프로그램을 짜면 됩니다.

이제 몸도 얼추 만들어졌고 다이어트도 끝나가니 규칙적으로 운동하지 않아도 된다고 생각하면 안 됩니다. '시간 나면 운동하러 가야지', '짬이 생기면 나갔다 와야지'라고 백날 생각해봤자 시간과 짬은 안 생겨요. '나는 언제 뭘 하러 나간다'라고 확실히 정해놓고 안 하면 안 되는 루틴으로 만들어야 합니다.

운동을 뒤로 미루지 마세요. 운동은 시간 남을 때 하는 것이 아니라 밥 먹는 것처럼, 잠자는 것처럼 반드시 해야 하는 것입니다.

#짬날때가아니라 #일부러짬을내서하는것 #바로운동

인간은 인생의 방향을 결정할 규칙을 가지고 있어야 한다.

- 존 웨인

오늘의 음식

오늘의 운동

내일의 다짐

목적에 따라 운동을 선택하라

출산을 해보니 산후조리라는 말이 괜히 있는 게 아니더군요. 제 몸도 출산 후에 참 많이 망가졌습니다. 자연주의 출산을 고집하다 진통을 43시간을 하는 바람에 골반이 너무 벌어졌고, 제왕절개를 해서 배도 늘어졌죠. 더군다나 30년 만의 폭염으로 모유 수유를 하다가 아기도 저도 땀을 너무 많이 흘려 땀띠가 생기는 바람에(참 가지가지 했네요) 할 수 없이 밤낮으로 틀어댄 에어컨 바람은 어마어마한 누진세 전기 요금과 함께 제게 산후풍을 가져다 주었습니다. 말 그대로 엉망진창이었죠.

일단 체중을 줄였으니 몸을 바로잡아야겠다고 생각했습니다. 벌어진 뼈와 틀어진 골반을 교정하기 위해 필라테스를 시작했어요. 치료의 목적으로 시작한 터라 집에서 가까운 곳이 아니라 산후 교정으로 유명한 분으로 알아보고 등록했죠. 기왕이면 여자 선생님, 임신 출산 등으로 인한 몸의 변화를 잘 아시는 분으로요.

헬스장을 등록할 때랑 다른 점, 알아채셨나요? 헬스장을 등록할 때는 시설, 트레이너에 대해 조사하지 않고 그냥 저희 집에서 가장 가까운 곳으로 등록했죠. 아침에 일어나자마자 30분 이내에 공복 유산소를 시작해야 하니까요. 그러나 필라테스는 치료가 목적이고 매일 가는 게 아니니까 더 꼼꼼히 알아보고 등록을 했습니다.

운동의 목적에 따라 선택을 달리해야 합니다. 우리가 어떤 요리를 할지에 따라 같은 재료라도 구매 기준이 달라지는 것처럼 말이에요. 이왕 하는 운동의 효과를 극대화하려면 이 정도의 노력은 필요하겠죠?

제게 운동은 단순히 육체적인 것이 아닙니다.
그것은 저에게 하나의 치료법입니다.

- 미셸 오바마

오늘의 음식

오늘의 운동

내일의 다짐

가족과 함께하는 운동의 즐거움

운동이 생활이 되었다면 가족과 함께 운동하는 시간을 만드는 것도 좋은 방법입니다. 저는 동네 산책도 자주 하는 편인데 평지만 걸으니까 별로 재미가 없더라고요. 그래서 저희 집 뒤에 있는 남산에 올라가는 것에 재미를 붙였습니다. 그냥 올라가면 지루하고, 집에 있는 밀린 빨래가 생각나서 금방 내려오고 싶으니까 목표를 정했습니다. 남산타워에 있는 편의점을 찍고 물 한 병 사마시고 내려오는 것으로요. 잰걸음으로 쉬지 않고 올라갔다가 꼭대기에서 수분 보충하면서 20분쯤 쉬고, 다시 내려오면 왕복 두 시간 정도 걸리는데 종종 주말에 신랑이랑 유모차를 끌고 함께 올라갑니다.

팍팍 치고나가는 제 모습을 보면서 체력 진짜 좋아졌다고 감탄하는 남편 모습을 보는 것도 즐겁고, 가족이 다 함께 건강해지는 느낌이라 괜히 뿌듯해집니다. 돌아오는 길에는 새로 생긴 맛집에 가서 예전처럼 2인 3메뉴 하지 않고 건강식으로 딱 두 가지 메뉴만 시켜서 먹고 오고요. 혼자 운동할 때와는 다른 즐거움이 있습니다.

주말에 텔레비전 앞에 퍼질러 누워 "점심 뭐 먹지?" 얘기만 나누다가 결국 라면물 올리는 일을 반복했다면 이번 주말에는 같이 밖에 나가서 콧바람 쐬고 오세요. 즐거움은 나누면 두 배가 된다잖아요. 내가 느낀 즐거움을 가족들과 함께 느낄 수 있는 시간을 만들면 날씬해지는 습관을 갖는 시기도 그만큼 앞당겨진답니다.

내일에 대해서는 아무도 모른다.
우리가 할 일은 오늘이 행복한 날이 되게 하는 것이다.
– 시드니 스미스

오늘의 음식

오늘의 운동

내일의 다짐

노동과 운동은 다르다

제가 100일 다이어트를 하는 기간에 설 명절이 끼어 있었어요. 연휴 나흘 동안 나름대로 아들을 데리고 매일 산책하고 물놀이도 이틀이나 했지만 육아는 역시 노동이지 운동은 아니더라고요. 명절이 끝나고 모처럼 운동을 하니까, 딱 한 시간 근력운동을 했을 뿐인데 찌뿌둥한 몸도 풀어지고 살 것 같더라고요. 기분도 너무 좋아지고요.

설거지를 하면서 하는 틈새 운동, 15kg이 넘는 아들을 안아주고 흔들어주면서 하는 육아 운동도 좋지만 짧은 시간이라도 내 몸에 집중해서 운동하는 시간을 확보하세요. 노동과 운동은 다르니까요. 운동은 운동답게 해야 합니다.

#운동은무조건운동화신고 #오로지내몸만보면서

 김해영 원장의 똑똑한 다이어트

집안일로 운동 효과를 볼 수 있을까요? 물론 가만히 있는 것보다 집안일을 하는 것이 에너지 소비에 도움이 됩니다. 그러나 체계적인 운동처럼 중등 강도 또는 고강도의 동작을 일정 시간 이상 반복하기 쉽지 않고, 힘과 속도도 균일하게 유지하기가 어렵습니다. 빨래를 하다 청소기를 돌리는 것처럼 하나의 동작을 안정감 있게 지속하기 힘들며 특정 근육만을 사용하므로 운동 효과가 떨어집니다. 만약 최소 10분 이상 중등 강도 이상으로 근육에 힘이 가해지는 것을 느끼면서 집안일을 할 수 있다면 운동의 효과를 누릴 수 있습니다. 그러나 현실적으로 집안일만으로 충분한 운동 효과를 얻는 건 어려운 일입니다.

바쁜 것만으로는 부족하다. 개미도 바쁘게 산다.
문제는 무엇 때문에 바쁜가다.
- 헨리 데이비드 소로

오늘의 음식

오늘의 운동

내일의 다짐

운동하는 40대가 관리 안 하는 20대보다 섹시하다

최근에 동갑내기 친구인 춘자가 DJ로 있는 부산 클럽 오프닝 파티에 꼽사리 껴서 갈 기회가 있었습니다. 예정에 없이 간 거라 화려하게 꾸미지도 못하고 그냥 청바지에 흰 티만 입고 갔어요. 그럼에도 술 마시면 근육 빠진다고 스테이지에 올라가서 네 시간 동안 춤을 췄습니다. 다이어트로 몸이 좋아지니까 놀 체력도 생기고 앞에 나설 자신감도 생기더라고요. 오랜만에 아주 신나게 놀았습니다.

다이어트 하기 전에는 클럽에 입장도 잘 안 됐을 뿐더러 어쩌다 누구 도움으로 들어가도 꿔다 놓은 보릿자루처럼 자리에 앉아서 술만 퍼먹었습니다. 유부녀라는 타이틀도 있고 자신감도 없었기 때문이죠.

그때는 뭐랄까, '난 아줌마인데, 뭐'와 '이정도면 됐지, 뭐' 이런 마음이 있었어요. '내가 비키니 입고 방송할 것도 아닌데 옷으로 대충 가리고 말만 잘하면 내 역할 다 하는 거 아닌가?' 하는 생각도 하고요. 그래서 남편이 혹시라도 외모에 대해 이야기하려고 하면 자격지심을 느끼고 짜증을 냈습니다. 모유 수유로 인한 호르몬 탓을 하기도 했고요. 지금 생각해보면 아이를 낳았다는 특권의식과 육아만으로도 너무 힘드니까 다른 무언가는 더 안 하고 싶다는 마음이 컸던 것 같아요. 그래서 제 몸을 돌보지 않았던 거고요.

제가 다이어트로 얻은 것이 참 많지만, 그중에 가장 감사한 것이 바로 자존감입니다. 몸짱, 얼짱이 되어서가 아니고요, 오로지 내 의지로 몸을 만들었다는 데서 오는 성취감이었습니다. 그래서 이번에 클럽에 갔을 때도 구석에 처박혀서 술만 마시는 게 아니라 '나 마흔세 살인데 클럽에서 노는 게 어때서? 나 복근도 있는데?' 하고 당당하게 스테이지를 장악

부산 클럽에 뜬 왕년에 놀던 언니

했죠. 놀던 언니 is back!

저는 관리한 40대가 관리 안 한 20대보다 섹시하다고 생각합니다. 타고난 젊음을 내세우는 것이 아니라 의지를 가지고 스스로를 가꾸는 거잖아요. 그날 클럽에 놀러온 20대들도 저의 몸매에 관심을 보이며 뭘 먹냐, 무슨 운동을 하냐, 뭐부터 먼저 시작해야 하나 등 어마무시한 질문들을 쏟아내더군요. 피부가 팽팽하고 싱그러운 청춘들의 부러움을 사는 몸매라니…… 뿌듯하지 않을 수가 없었습니다.

30대, 40대 그리고 50대가 열심히 운동해서 몸을 만들었다면 자신의 몸을 자랑스러워하고 아름답게 여길 자격이 충분하다고 생각합니다.

아줌마라는 방패 뒤에 숨지 말아요, 우리. 누구나 할 수 있습니다. 마흔세 살이 된 저도 하잖아요. 이제 나이 먹는 것도 부끄럽지 않고 당당합니다. 나이 들어도 섹시할 수 있다는 걸 이제는 잘 아니까요.

#딱이쁠나이 #마흔

대부분의 사람은 자신의 나침반이 아니라
다른 누군가의 나침반에 기대어 길을 찾아가는 습성이 있다.
- 로버트 스티븐 캐플런, 『나와 마주서는 용기』

오늘의 음식

오늘의 운동

내일의 다짐

● 다이어트 상담소

Q 다이어트 중에 스트레스 관리는 어떻게 하나요?

Ⓐ   제가 생각할 때 다이어트를 하면서 받는 주요 스트레스는 먹고 싶은데 못 먹는 것, 놀고 싶은데 못 노는 것, 그리고 나름대로 열심히 하는데 몸의 변화가 없는 것 이렇게 세 가지인 것 같아요.

일단 앞의 두 가지 스트레스를 예방하는 가장 좋은 방법은 100일 동안 이벤트를 만들지 않는 것입니다. 누구 생일, 놀려고 모이는 자리 등 유혹당할 수 있는 자리를 만들지 마세요. 그리고 앞에서 말한 것처럼 규칙적인 스케줄을 만드는 것이 좋습니다. 저는 다이어트 기간 동안 아침에 눈 뜨면 헬스장에 갔다가 돌아와서 아침 먹고, 일하러 갔다가 집에와서 저녁 챙겨 먹고 다음 날 도시락 준비하고 이유식 만들고 아기 보고 자는 데일리 루틴을 만들었습니다. 유혹당할 수 있는 돌발 상황을 만들지 않았어요.

그렇다면 몸의 변화가 없는 정체기 시즌의 스트레스는 어떻게 관리해야 할까요? 변화가 없으면 괜히 의욕만 꺾이니까 체중을 자주 재지 않는 것도 방법입니다. 제가 앞서 이야기했죠? 몸무게보다 중요한 것은 체지방량과 근육량이라고. 고도비만이 아니라면 체중이 아주 드라마틱한 변화를 보이면서 감량되지 않아요.

저는 100일 다이어트를 하면서 기름진 음식이 엄청 당길 때, 놀고 싶은데 못 놀 때, 열심히 식단 관리하고 운동하는데 변화가 없을 때 '그냥 100일만 채우자'라는 생각을 많이 했어요. 중간에 식탐을 못 참고 폭식

엄마의 흔들리는 의지를 다잡아주는 아들의 팩트폭력

해도, 술을 부어라 마셔라 들이켰어도, 내가 제대로 하고 있는 건지 의심이 되어도 '이번엔 실패한 것 같으니 이만 끝내자'라고 생각하지 말고 100일만 견디세요. 다이어트는 실패하는 것이 아닙니다, 포기하는 것이죠.

#곰도100일참아사람됐는데 #곰만도못한나란여자 #이제지겹지도않니

빨리 잊어버리는 지름길은 몇 번씩 보지 않는 것.
어른이 되어 스스로 생각해낸 대처법이다.
- 마스다 미리, 『어느 날 문득 어른이 되었습니다』

\# 오늘의 음식

\# 오늘의 운동

\# 내일의 다짐

100일 후 식탁의 변화

일상생활로 복귀하면 식단이 한 번에 무너질까 봐 걱정하는 분들이 있는데, 100일이 지나면 정말 믿기 힘들 정도로 몸이 변합니다. 예전에는 엄청 당기던 달달한 것들도 별로 안 먹고 싶어져요.

저는 자칭타칭 완전 빵순이로, 빵으로 어디까지 가봤니 물어보면 거의 뭐 지구 끝까지 갔다 온 사람입니다. 뉴욕으로 신혼여행씩이나 가서는 당시 유명세가 하늘을 찌르던 '크로넛'이라는 빵을 먹어보려고 날밤을 새고 세 시간 동안 줄 서서 기어코 그걸 사 먹기도 했어요. 먹는 걸로 지지 말자는 생각으로 40년 넘게 살았죠. 하지만 100일 다이어트로 빵과 딱 절연을 했더니 이제는 오히려 '두유 마실까, 저지방우유 마실까'를 고민하지 '크로아상 먹을까, 베이글 먹을까'를 고민하지 않습니다. 100일이 지난 지금도 밀가루, 설탕, 소금을 적게 먹는데 억지로 하는 게 아니라 별로 안 당겨서 그래요.

예전에는 고기 먹으러 가면 고기, 술, 김치말이국수까지 먹고 나왔는데 요즘엔 양배추, 보쌈, 수육을 위주로 먹고 국수는 안 시켜요. 일부러 그러는 게 아니라 자연스럽게요. 맛이 없습니다. 먹으면 소화도 잘 안 되고요.

이때쯤 저는 목표 체지방은 뺐고 근육을 키우는 중이었던 터라 칼로리 제한 없이 고단백저탄수 식단으로 먹어서 좀 편한 시기였어요. 점심이 딤섬이면 간장 없이 피 벗기고 새우랑 고기야채만 먹고 디저트는 패스했습니다. 저녁에는 드레싱 없는 샐러드에 스테이크를 소금, 버터 대신 씨겨자와 함께 먹고요. 물론 식전빵은 당연히 패스합니다.

우리는 그동안 당과 탄수화물에 너무 강하게 중독되어 있었어요. 한

100일 다이어트 후에 변한 입맛

식이 탄수화물 기반이기도 하고요. 다이어트 후에 일반식으로 돌아갔지만 밥은 꼭 현미와 렌틸콩밥으로 먹는 이유도 정제 탄수화물인 흰밥을 줄이기 위해서입니다.

100일이 지나면 일주일에 한 번 정도는 치킨, 피자, 떡볶이, 아이스크림 등을 먹는 치팅데이를 하겠지만 그래도 계속 유지어터의 삶을 살아야 합니다.

하루 치팅데이를 했으면 2~3일은 몸을 되돌리기 위해 바짝 건강식으로 먹고 운동으로 먹은 걸 덜어내는 걸 당연하게 여겨야 합니다. 100일 동안 익숙해진 음식을 주식으로 삼아야 합니다. 건강한 삶을 위해 당연하게 여겨야 할 식습관입니다.

#넌가끔건강식을먹지 #난가끔불량식품을먹어 #그게너와나의빅차이

나를 배부르게 하는 것들이 나를 파괴한다.
- 안젤리나 졸리

오늘의 음식

오늘의 운동

내일의 다짐

유지어터의 식단 관리는 장보기가 시작이다

'다이어트의 시작은 장 보기'라는 말이 있는데 유지의 시작도 장 보기입니다. 저는 일주일에 한 번 정해진 요일에 장을 보는데요, 그러다보니 이번 주에 내가 뭘 어떻게 먹었나가 다 보이더군요. 냉장고를 열었는데 양배추가 많이 남아 있다. 그러면 '아 이번 주에 내가 채소를 너무 안 먹었구나' 하고 깨닫습니다. 이를 만회하기 위해 돌아오는 주말에 냉장고 파 먹기로 채소를 다 해치우고 플러스로 이번 주 식이섬유 섭취가 부족했으니 유산균을 좀 더 챙겨 먹습니다.

장을 보고 온 후에는 재료를 정리하고 채소와 고기를 볶고 자르고 소분하고, 군고구마를 굽는 것으로 유지어터의 일주일 치 식단을 준비합니다. 저는 닭가슴살, 채소 등을 매일매일 손질하지 않고 일주일에 한 번 일주일 치를 준비해두었어요. 워킹맘이다 보니 매일매일 손질할 시간이 없더라고요. 이렇게 습관이 되고 계획을 세우면 뭐든 체계적으로 바뀝니다. 반대로 그때그때 채소를 챙겨먹으려고 하면 일이 복잡해지고, 일이 복잡해지면 안 하게 돼요.

저처럼 일주일에 한 번 장을 보고 식단을 세팅해 놓는 것을 추천합니다. 살찌지 않는 체질은 결국 평소 생활 습관이 만드는 것이에요. 뭐든 귀찮다고 뒤로 미루지 말고 체계적이고 간단한 루틴을 만들어 습관화하도록 합시다!

#엄마라서가능한다이어트 #장보기부터시작

계획을 세우는 데 실패하면
결국 실패할 수밖에 없다.
- 벤저민 프랭클린

오늘의 음식

오늘의 운동

내일의 다짐

무심코 먹는 것들을 줄여라

집에서 식사하는 횟수가 많으면 냉장고 점검으로 일주일 식단을 확인할 수 있지만 밖에서 먹는 경우가 많으면 다른 방식으로 점검해야 합니다.

우리가 여태까지 썼던 다이어트 일기를 보면 제일 상단에 오늘 먹은 음식을 적게 되어 있죠? 오늘 내가 뭘 먹었는지 의식적으로 기억하는 것은 작은 행동이지만 다이어트에 큰 도움을 줍니다.

실제로 미국의 한 건강센터에서는 다이어트 일기를 꾸준히 쓰는 사람이 쓰지 않는 사람보다 체중을 두 배나 더 줄일 수 있다는 연구 결과를 발표했습니다. 이들이 소개한 일기 쓰는 노하우 중에는 '귀찮더라도 매 끼 식사가 끝난 후 먹은 음식을 기록하자'는 항목이 있어요. 자신이 무엇을 먹었는지 눈으로 확인하고 한 번 더 생각함으로써 더 이상 음식이 필요하지 않다는 것을 자각하게 하는 거죠.

너무 습관적으로 음식을 먹다 보니 종종 "오늘 점심에 뭐 먹었어?"라는 질문에 바로 답하지 못하는 경우가 생깁니다. 오늘 하루 동안 뭘 먹고 마셨는지 의식적으로 기억하세요. 힘들다면 휴대폰으로 먹기 전에 사진을 찍는 것도 좋은 방법입니다. 그리고 일주일에 한 번 냉장고를 점검하듯이 사진을 점검하는 거죠. 무심코 먹는 것들을 줄여야 살찌지 않는 체질이 될 수 있습니다.

#가랑비에옷젖고 #주전부리에살찌고 #돈새고 #못생겨지고

가장 위대한 영광은 한 번도 실패하지 않음이 아니라
실패할 때마다 다시 일어서는 데에 있다.
- 공자

오늘의 음식

오늘의 운동

내일의 다짐

체력이 좋아지면 시간이 많아진다

출산 후 저질 체력이 되니 힘들어서 소파에 잠깐 누워 있었는데 한 시간이 훌쩍 가고 그랬습니다. 제대로 쉰 것도 아니고 뭘 한 것도 아니고 정말 허투루 버린 시간이 많았어요.

그런데 지금은 "어떻게 그렇게 부지런하게 살아요?"라고 물어보시는 분이 정말 많습니다. 꾸준한 운동으로 체력이 좋아지니까 이도저도 아니게 허투루 시간을 쓸 일이 없어졌기 때문이죠. 아침형 인간도 아니었는데 아침 운동을 하고 나니 에너지가 생겨서 하루에 여러 일을 할 수 있게 되었고요.

모든 에너지와 체력은 근력에서 나옵니다. 건강하게 하루 네 끼를 먹으며 근력을 만들어서 에너지가 있는 몸뚱이를 만드는 것, 그게 우리 다이어트의 목적 아니겠어요? 그래야 이 몸을 100살까지 사용할 수 있죠.

사실 전 게으름뱅이에 베짱이 같은 인간이었어요. 그런데 엄마가 되고 보니 나몰라라 할 수 없는, 엄마가 해야만 하는 일들이 밀려왔습니다. 어찌어찌 겨우겨우 해치우며 버티듯 살아내기 바빴죠. 그런데 근육을 만들고 체력을 키운 지금은 웃으면서 이것도 하고 저것도 하고 가뿐히 해결할 수 있게 됐습니다. 그러니 운동할 시간이 없다고 말하지 마세요. 운동을 해야 시간이 늘어납니다.

#체력은국력 #체력은열정

아침에 일어났을 때, 살아있다는 것-숨쉬고, 생각하고, 즐기고, 사랑하는 것-이
얼마나 소중한 특권인지에 대해 생각하라.
- 마르쿠스 아우렐리우스

오늘의 음식

오늘의 운동

내일의 다짐

내가 가진 것의 최고치를 뽑아내는 일

100일 동안 SNS에 올린 다이어트 일기에 많은 분이 댓글을 달아주셨습니다. 응원과 격려를 보내는 분도 있었고, 다이어트 고민을 털어놓으며 상담을 신청하는 분도 있었죠. 그중에는 읽으면 안타까운 댓글도 있었습니다. '키는 운동으로 만들 수도 없는 건데 부럽다', '얼굴이 작아서 부럽다' 등 본인이 가지지 못한 것만 생각하는 분들입니다.

저는 키가 큰 편이지만 작고 오밀조밀한 몸이 정말 예쁘다고 생각하는 사람입니다. 그래서 그런 몸을 가진 사람들이 부러워요. 키가 큰 게 꼭 좋은 거고, 쌍꺼풀이 있는 게 꼭 예쁜 것은 아닙니다. 미의 기준은 다 상대적이니까요. 남과 비교하며 우울해하지 말고 내가 가진 것의 매력을 최대치로 이끌어내는 게 훨씬 현명한 방법입니다.

단점이 없는 사람은 없습니다. 보완할 수 있는 단점은 보완하고, 그게 안 되면 장점을 부각하면 됩니다. 근력운동은 몸의 단점을 보완해주는 가장 좋은 방법입니다. 저는 하체비만 체형인데다가 어깨는 좁았어요. 이 단점을 보완하기 위해 어깨를 키우는 근력운동을 하고, 허벅지 지방을 태우는 운동을 집중적으로 했습니다. 원하는 분위의 근력운동과 골격근 늘리기가 잘 되어 있다면 예쁜 어깨 덕분에 작은 얼굴도 완성할 수 있습니다!

타고난 몸매, 체질을 완전히 바꿀 수는 없지만 내 몸의 장점은 극대화하고, 단점은 최소화할 수는 있습니다. 잊지 마세요, 내 인생은 내가 바꾸는 것이라는걸!

#단점을가리지말고 #장점을극대화하자

가진 것에 감사하라, 그러면 더 많은 것을 갖게 될 것이다.
당신이 갖지 못한 것에 집중한다면, 당신은 절대 충분히 갖지 못할 것이다.
- 오프라 윈프리

오늘의 음식

오늘의 운동

내일의 다짐

아이에게 유전되는 엄마의 나쁜 식습관

제 아들 바로는 또래 아이들에 비해 채소를 잘 먹어요. 그래서 아이 친구 엄마들이 비결이 뭐냐고 묻고는 합니다. 그런데 딱히 비결이랄 것이 없습니다. 제가 채소를 많이 먹는 게 비결이라면 비결이죠. 그렇다고 억지로 아이의 입에 쑤셔 넣은 건 아닙니다. 그저 자연스럽게 제가 매일 아침 방울토마토를 먹으니까 옆에서 같이 방울토마토를 먹었고, 식사할 때마다 오이, 당근, 양배추를 한 사발씩 먹으니까 아이도 맛있게 먹었죠.

제가 생각할 때 부모가 자녀에게 물려주는 것은 DNA 같은 생물학적 유전자도 있지만 식습관 같은 후천적 습관도 있는 것 같아요. 엄마가 아침에 일어나자마자 콜라를 마시면 아이도 일어나자마자 콜라를 마십니다. 반대로 엄마가 채소를 많이 먹으면 아이도 채소를 많이 먹게 되고요. 아이는 엄마의 거울이니까요. 그런 의미에서 온가족의 건강이 엄마 손에 달려 있다고 해도 과언이 아닙니다.

제 식습관이 아이에게 유전된다고 생각하니까 먹는 것을 조심하게 되더라고요. 유전자검사로 제 몸에 유제품이 안 맞는다는 사실을 확인한 뒤부터 발효유산균만 골라 먹었습니다. 그래서 요거트도 직접 집에서 만들어 먹었죠. 물론 싱글일 때는 절대 안 했을 거예요. 귀찮은데 안 먹고 만다는 심보였죠. 그런데 저를 닮아 제 아이도 유제품이 안 맞을 수 있다는 생각이 드니까 자기 전에 요거트 기계를 세팅해 놓고 자게 되더라고요.

내 몸에 좋은 걸 먹기 위해 투자하는 것을 아끼지 마세요. 내가 먹는 게 곧 아이가 먹는 겁니다.

#엄마의힘 #우리가족건강은 #내손에달려있드아!

우리 삶의 양식은 우리를 보여준다. 우리의 습관은 우리를 평가한다.
우리가 습관과 벌이는 싸움은 아직 실현되지 않은 꿈들을 말해준다.
– 메리 올리버, 『완벽한 날들』

오늘의 음식

오늘의 운동

내일의 다짐

다이어트 상담소

먹는 재미없이 무슨 재미로 사나요?

저도 다이어트 하기 전에는 사는 재미가 곧 '먹는 거'였던 사람이었습니다. 아들 재우고 마시는 맥주 한 캔, 조리원 동기들과 만나 분위기 좋은 곳에서 먹는 피자와 파스타, 토요일 밤에 시켜 먹는 치킨 한 마리……. '인생 고달픈데 맛있는 거, 내가 먹고 싶은 거라도 마음껏 먹자!'가 생활신조였죠.

이런 음식들을 먹으면 잠깐이지만 즐겁고 행복한데, 100일 동안 못 먹는다고 생각하면 눈앞이 캄캄해질지도 모르겠네요. 좀 냉정하게 말하면 시작하고 한 달 정도는 음식으로 파라다이스와 만나는 일은 없을 겁니다. 대신 체지방 감량을 확실하게 하면 몸에 변화가 생겨요. 그러면 다들 예뻐졌다, 몸매 좋아졌다 소리를 매일매일 해줍니다. 그 이야기를 듣는 것만으로도 사는 재미는 따따블이죠.

먹는 순간, 그 잠깐 만나는 파라다이스는 이제 놓아주세요. 살 빠지면 24시간 365일 파라다이스를 만날 수 있습니다.

진짜예요. 내게 남은 미래를 바꾸는 시간, 100일! 특히 식단은 한 달만 눈 딱 감고 철저하게 지키면 먹는 것 대신 새로운 재미를 찾게 될 겁니다.

#처먹지를말든가 #살쪘다고ㅈㄹ을말든가

삶을 송두리째 다 잃지 않기 위해서
얼마간의 삶을 바치는 것은 당연하다.
– 알베르 카뮈

오늘의 음식

오늘의 운동

내일의 다짐

일주일에 한 번 나를 긴장시켜라

다이어트는 끝났지만 인바디는 틈틈이 재고 있습니다. 약속이 많았거나, 외식을 많이 한 다음에는 꼭 체지방이 늘어나 있어요. 그러면 다시 그 체지방을 빼기 위해서 공복 유산소운동 30분 하던 것을 1시간으로 늘립니다. 요즘은 인바디를 측정해주는 체중계도 저렴한 제품이 많고 애플리케이션도 잘 되어 있습니다. 이런 것들을 활용해서 몸을 정기적으로 체크하는 것이 좋습니다. 우리가 힘들게 빼고 늘린 체지방과 근육을 확인하는 게 생각보다 경각심을 불러일으키거든요. 헬스장에 꾸준히 다니고 있다면 헬스장에서 인바디를 재면 되고요.

저는 보통 일주일에 한 번씩 재고 있습니다. 그러면서 몸의 변화를 체크해요. '왜 저번 주에 비해 체지방이 1kg 찌고, 근육은 1kg 빠졌지?' 하면서 저의 일주일을 돌아봅니다. 스스로 리뷰를 하는 거죠. 단백질 섭취가 부족했고 외식이 많아서 그랬다는 결론이 나오면 주말에 밖에서 밥 먹지 말고 집에서 밥 먹자라는 대책을 세울 수 있습니다. 인바디 수치를 바탕으로 다음 주 운동 계획과 식단을 수정하는 것입니다.

100일 다이어트가 끝나고 스스로를 감금했던 동굴에서 나오면 생일 주간, 회식 주간, 연말처럼 어쩔 수 없는 시기가 있습니다. 이럴 때는 융통성 있게 앞뒤로 운동 스케줄을 보충하면 됩니다. 그전에 근력운동을 좀 더 열심히 해서 근육을 키워주고, 체지방을 좀 더 빼놓는 거죠. 자전거 잘 돌아가게 하기 위해서 기름칠하는 것과 비슷한 거예요. 융통성 있게 조절하되 아예 놓아버리지 않는 것이 유지어터의 기본 자세입니다.

#빼는건100일 #찌는건일주일 #절대이틀이상느슨해지지않기

나는 내가 인생에서 배운 모든 것을 세 단어로 압축할 수 있다.
'삶은, 계속, 된다.'
- 로버트 프로스트

오늘의 음식

오늘의 운동

내일의 다짐

눈에 띄는 곳에 간식을 놓는 이유

제가 다이어터에서 유지어터로 전환하는 시기에 가장 경계했던 것은 바로 극심한 허기였습니다. 물론 다이어트를 할 때도 갑자기 아무 음식이나 집게 만드는 허기를 경계하긴 했지만 주변에 건강식밖에 없는 환경을 만들었던 터라 아무거나 주워 먹어도 오이, 방울토마토, 양배추였죠. 하지만 유지어터의 생활은 그렇지 않잖아요? 주변에 벌써 다른 음식들이 스멀스멀 포진하기 시작합니다. 그것들이 입에 들어오는 건 정말 눈 깜짝할 순간이에요.

그래서 저는 가장 잘 보이는 곳에 건강한 간식들을 놔뒀어요. 견과류죠. 잘 보이게 유리병에 담아 주방에 두 병, 제일 많은 시간을 보내는 스케줄용 차량에 두 병을 가져다 놓았어요. 입이 심심하거나 허기가 느껴질 때 다른 것이 아니라 견과류를 먹을 수 있도록요.

눈에 잘 띄는 곳에 건강한 간식을 놔두세요. 잘 보여야 잘 찾아먹게 됩니다.

주방에서 가장 잘 보이는 곳에 놓아둔 간식 유리병

믿고 첫걸음을 내딛어라. 계단의 처음과 끝을 다 보려고 하지 마라.
그냥 발을 내딛어라.
– 마틴 루터 킹 주니어

오늘의 음식

오늘의 운동

내일의 다짐

외식을 준비하는 성공한 유지어터의 자세

사실 다이어트 할 때 제일 힘든 것이 다이어트 외식 메뉴 찾기입니다. 식단 깨지기도 쉽고, 한 끼 정도는 괜찮지 않을까 하는 유혹에 넘어가기도 쉽고요. 그래서 다이어트 초반에는 외식하는 일을 만들지 않는 게 제일 좋아요. 이런 게 사회생활하면서 다이어트 하는 어려움 중 하나죠.

일단 친구든 일로 만난 사람이든 식사 약속이 잡혔다 하면 메뉴 선정에 적극적으로 나서세요. 밖에서 다른 사람들과 식사를 하면 식단은 무조건 못 지킬 것이라고 생각하지만 곰곰이 생각해 보면 우리한테 음식 결정권이 전혀 없는 경우는 잘 없습니다. 보통 "어디 갈래?" 하고 묻죠. 저는 굉장히 적극적으로 추천을 많이 했습니다. 건강식을 파는 맛집을요. 제가 이 근처에 잘 아는 데가 있는데 요즘 건강식이 유행이고 이게 어떻고 저떻고 썰을 풉니다. 고기를 먹자고 하면 양념족발이나 돼지 갈비보다는 수육집, 보쌈집으로 유도하면 됩니다. 이 집 이거 맛있습니다 하고요. 요즘 단톡방으로 많이 얘기하잖아요? 그러면 선수 치는 거죠. 옛날에 파스타, 브런치 이런 걸 추천했다면 지금은 아보카도 토스트, 문어숙회, 미역돌잠 이런 걸 추천합니다. 단백질이 많은 걸로요.

"무조건 중국집으로 모여!" 이런 사람은 별로 없잖아요. 설령 중국집에 간다한들 탕수육 대신 양장피를 추천해보고요. 제가 거기서 닭가슴살 도시락 꺼내라는 건 아니잖아요. 그리고 이런 일은 정말 100일 중에 하루 있을까 말까 한 일입니다. 식단을 못 지킬 핑계를 대려고 하니까 그렇게 말하는 거죠. 그러나 이도저도 안 되고 어쩔 수 없이 자장면을 시켜야 하는 날이라면 자장면을 시키고 3분의 1만 먹으면 됩니다. 그리고 유산소 한 시간 더 하고 자면 됩니다. 돌이키면 되죠.

저녁이나 주말 약속이라면 일단 집에서 닭가슴살을 하나 먹고 나가세요.

아니면 프로틴쉐이크 한 잔을 마시구요. 뇌에 '나는 배가 부르다'라는 신호를 주는 겁니다. 아무래도 단백질이 포만감이 오래 유지되기 때문에 음식을 보고 눈이 뒤집히며 달려드는 불상사를 막아줍니다.

다이어트 중에 친구가 집들이를 해서 출장 뷔페를 부른 자리에 초대

출장 뷔페 앞에서도 무너지지 않고 흥겹게 즐기기

된 적이 있었어요. 그날도 집에서 닭가슴살을 하나 먹고 출발했습니다. 뷔페 음식을 마주하고도 경건하게 야채와 방울토마토를 소스 없이 한 사발 잔뜩 먹은 후에 회와 문어, 주꾸미 등 해산물을 초장과 간장 없이 고추냉이만 곁들여서 양껏 먹었습니다. 그리고 육회로 마무리했죠. 제가 먹는 걸 보고 다들 다이어트 하는 거 맞냐고 놀라더라고요.

주변에 다이어트 중인 것을 널리 알리는 것도 외식하면서 식단 관리하는 데 도움을 줍니다. 친구의 집들이날도 다들 술 많이 마시고 즐거운 분위기였는데 아무도 제게 술을 권하지 않았어요. 제가 워낙 SNS에 100일 동안 다이어트 한다, 운동한다 동네방네 떠들었기 때문이죠. 이러면 제가 이성을 잃고 음식에 달려들려고 해도 사람들이 "너 운동 열심히 하더니 다이어트 끝난 거야?" 하고 걱정스럽게 물어봐줍니다. 그러면 정신을 차리게 돼요. 다이어트 초반에 모임에 빠져도 '아 애 요즘 다이어트 하지?' 하고 이해하는 분위기도 조성되고요.

식단을 지키고자 하면 방법은 많습니다. 스스로를 못 믿겠다면 닭가슴살을 먹고 모임에 나가는 것처럼 미리미리 준비를 하고, 다른 사람들이 나를 말리도록 장치를 만드세요. 절대 안 되는 건 없습니다. 우리가 하기 나름인 거예요.

#내삶의주인공은 #나야나 #바로나

당신이 뭘 할 수 있는지 누군가가 물어보면 '당연하죠!'라고 답해라.
그다음 어떻게 그 일을 해낼 수 있을지 부지런히 고민하라.
- 테오도어 루스벨트

오늘의 음식

오늘의 운동

내일의 다짐

명절과 회식에 대처하는 꿀팁

100일 동안 저의 가장 큰 위기는 설 명절이었습니다. 명절 음식 앞에서 이성을 붙잡고 있기란 참으로 어려운 일이더군요. 그렇지만 명절 음식도 다 먹기 나름입니다. 떡국엔 떡 없이 소고기와 두부만 건져서 현미밥이랑 먹었고, 생선구이는 간을 거의 안 한 거라 사람들이 다른 반찬 먹는 동안 제가 거의 다 먹었지요.

회식 같이 고칼로리 음식을 주로 먹는 자리도 결심이 무너지기 쉬운 자리입니다. 보통 이럴 때는 횟집이나 고깃집을 많이 가잖아요? 제가 여러분을 위해서 꿀팁을 좀 풀겠습니다.

만약 회식 장소가 횟집이라면? 전에는 초장에 먹었죠? 초장에 설탕이 엄청 들었어요. 간장에는 염분이 있고요. 해결책은 고추냉이입니다. 회에 고추냉이만 얹어서 드세요. 그리고 소주 대신에 탄산수를 마십니다. 그러면 비려서 많이 못 먹어요.

고깃집에 갔다? 일단 양배추를 양념 없이 달라고 해서 고기가 익는 동안 두 사발을 때려먹습니다. 그리고 물을 한 잔 마셔요. 그러면 고기가 많이 안 들어갑니다. 고깃집에 가면 메추리알, 날고구마, 당근 이런 걸 주잖아요. 그러면 그걸 걸신들린 사람처럼 때려 먹으세요. "저 다이어트 하니까요 제가 이것 좀 먹을게요, 여러분은 고기 많이 드세요" 하고 얘기하세요. 네다섯 접시를 때려먹고, 상추랑 깻잎을 다섯 장 깐 다음에 고기 두 점. 물론 쌈장은 안 되고 대신 청양고추를 넣으세요.

꿀팁 대방출이 무안하게 결국 음식 앞에서 무너졌더라도 다시 시작하면 됩니다. 아시죠? 먹은 건 먹은 거고 우리의 다이어트는 100일 동안 계속 되는 거예요, 쭈욱.

비관론자는 모든 기회에서 어려움을 찾아내고,
낙관론자는 모든 어려움에서 기회를 찾아낸다.
- 윈스턴 처칠

오늘의 음식

오늘의 운동

내일의 다짐

다이어트 중에 여행을 가게 된다면

돌이켜 보니 다이어트를 하는 100일 동안 별의별 일이 다 있었네요. 연말도 있고, 명절도 있었고, 제 생일도 있었고요. 그리고 심지어 여행도 다녀왔습니다. 일 때문에 한 번, 가족 여행으로 한 번요.

여행을 가면 다이어트 모드가 무너지기 쉽죠. 일단 저는 아침에 조식 뷔페에 가서 단백질 듬뿍 식단으로 아침을 꼬박꼬박 챙겨먹었습니다. 하루 종일 든든해서 군것질을 하고 싶은 생각도 별로 안 들고 폭식도 막아 주더라고요.

다이어트가 거의 끝나갈 무렵이라 그랬는지 옛날에는 휴가를 가면 먹고 마시고를 무한 반복했는데 이번에는 조식 뷔페에 널린 달다구리와 빵을 봐도 그렇게 당기지 않더라고요. 참 신기하죠? 대신 오믈렛 코너에 가서 야채 듬뿍 오믈렛도 주문해서 먹고 요거트에 견과류 뿌려 먹고, 지천으로 깔린 각종 싱싱한 채소를 양껏 담고, 기름기 쪽 뺀 각종 고기와 생선 요리를 마음껏 먹었어요. 과일주스 대신 물을 마셨고요.

또 술도 많이 마시지 않았습니다. 저는 원래 자격증 따기가 취미인 여인인지라 가족 여행에 갔을 때 칵테일 만들기 클래스를 들었어요. 예전 같았으면 선생님이 하는 거 보면서 한 잔, 실습하면서 한 잔, 합이 열두 잔은 신나게 마셨을 제가 맛보느라 딱 한입씩 마신 것 외에는 더 마시지 않았습니다. 아니 사실 못 먹었다는 게 맞아요. 3W 끊기를 열심히 해서 그런지 너무 달고 자극적이라 입에 안 맞더군요.

여행을 가서도 멈추지 않는 운동과 식단 관리

그리고 틈틈이 운동을 했습니다. 아이와 함께 열심히 수영장에서 발차기도 했고, 아이가 깨기 전에 알람 맞추고 일어나서 해변가에서 조깅으로 공복 유산소운동 한 시간도 채웠죠. 해외 가서 아침에 운동하고 그러면 막 더 신나고 그렇잖아요. 마치 내가 안젤리나 졸리 같고요! 그리고 숙박비 본전을 뽑겠다며 리조트 내 클럽에서 운영하는 무료 G/X 프로그램도 신청해서 여행 마지막 날까지 알차게 운동했습니다.

여행 가서도 다이어트 모드 유지하기, 별 거 아니죠?

#해외갈수록막벗고운동하세요 #어차피걔들은나신경안씀

중요한 일에 집중하는 것도 중요하지만
하찮은 일에 정신을 팔지 않도록 주의해야 한다.
- 스티븐 코비

\# 오늘의 음식

\# 오늘의 운동

\# 내일의 다짐

어떤 하루를 보내는가에 따라 10년 뒤 미래가 달라진다

생각해보면 공부하기 딱 좋았던 시간, 돈 벌기 딱 좋았던 시간이 없었던 것처럼 다이어트 하기 딱 좋은 시간 같은 것도 없습니다. 그저 이 시간을 어떻게 쓸지 마음먹기에 달린 거죠.

매일 우리에게는 공평하게 24시간이 주어집니다. 부자도 거지도 24시간을 가지고 하루를 사는 건 똑같죠. 다만 무엇을 하며 하루를 보내는가에 따라 한 달 뒤, 일 년 뒤, 십 년 뒤의 미래가 달라지는 것 같아요.

매일매일이 쌓여 미래가 됩니다. 성실하게 보낸 오늘이 반짝이는 미래로 보답해 줄 겁니다. 밝은 미래를 위해 우리 조금만 더 힘내요!

#누구에게나주어지는기회 #하루24시간 #허비할것인가 #해낼것인가

DATE _____ / _____ / _____

"왜 카드로 미래를 읽으면 안 되는 거죠?"
"오직 현재만이 우리 삶에 힘을 미칠 수 있기 때문이지."
- 파울로 코엘료, 『브리다』

오늘의 음식

오늘의 운동

내일의 다짐

● 다이어트 상담소

Q 물만 마셔도 살찌는 체질도 있나요?

A 　농담으로 물만 마셔도 살찌는 체질이라는 말을 자주 쓰는데, 저는 이런 극단적인 체질은 거의 없다고 봅니다. 기초대사량이 이런 차이를 만들 뿐이죠.

체질을 만드는 건 생활습관입니다. 제가 마른 비만에서 소위 말하는 살찌지 않는 체질이 될 수 있었던 것은 식습관과 운동습관을 바로잡은 덕분이죠. 처음이 힘들지 좋은 습관을 만들면 나중에는 내가 의식하지 않아도 몸이 알아서 반응해요. 이 습관들이 결국 우리를 살찌지 않는 체질로 만들어주는 겁니다.

물론 사람마다 소화흡수율이 달라서 음식을 먹어도 흡수를 잘 못하는 사람이 있고, 다른 사람보다 흡수를 잘하는 사람이 있죠. 만약에 본인의 소화흡수능력에 문제가 있다고 생각된다면 가까운 병원에서 의사와 상담하는 것이 좋습니다.

현실을 벗어나기 위해서는 반드시 과거의 내가 아닌 현재의 나를 정확히 볼 수 있어야 하고
나를 한 칸만 더 내려놓고 작은 것부터 시작할 수 있는 용기를 발휘해야 한다.
- 켈리 최, 『파리에서 도시락을 파는 여자』

\# 오늘의 음식

\# 오늘의 운동

\# 내일의 다짐

살찌지 않는 생활 습관 1 **물 많이 마시기**

제가 걸렸던 요로결석은 재발률이 50퍼센트 이상이지만 따로 처방이 없습니다. 그냥 하루에 물을 1.5리터 이상 마시라고 할 뿐이에요. 재발하지 않으려면 물을 마셔야 했는데 그냥 무턱대고 마시려고 하면 많이 안 들어가잖아요? 그런데 운동하고 나면 물이 쭉쭉 들어갑니다.

하루를 운동으로 시작하면 물을 먹는 가장 좋은 습관을 들이는 거예요. 자연스럽게 목이 마르니까요. 아침에 운동을 하고 나면 목이 마르고 물을 많이 마시게 됩니다. 그리고 근력운동 하고 나면 어깨에 피가 나는 것처럼 아프면서 물먹는 하마처럼 물을 마시게 됩니다. 의도하지 않아도요.

물을 마시면 허기도 달래지고 몸에 수분도 많이 공급되어서 체내찌꺼기를 제거하고 영양분과 산소를 세포까지 운반하는 데 큰 도움이 됩니다. 신진대사도 활발해지고요.

커피나 탄산음료, 이온음료 말고 물을 마시세요. 자꾸 물 마시는 걸 까먹는다면 아이한테 물을 줄 때 나도 같이 마시는 습관을 들이세요. 수분 섭취를 충분히 해야 다이어트에 도움이 됩니다.

#다이어트변비는 #물이보약

습관이란 인간으로 하여금 어떤 일이든지 하게 만든다.
- 도스토예프스키

오늘의 음식

오늘의 운동

내일의 다짐

살찌지 않는 생활 습관 2 **일상식과 보상식을 구분한다**

그동안 먹고 싶은 음식들을 못 먹고 꾹 참았으니 100일이 끝나면 먹고 싶은 음식 리스트가 잔뜩 쌓여 있을 겁니다. 저도 100일 다이어트 끝나마자 제가 좋아하는 음식점에 가서 그동안 먹고 싶었던 음식을 마구 시켜 먹었어요.

평소에는 한창 다이어트 할 때처럼 식단 관리를 엄격하게 할 수 없지만 생각은 하면서 먹어야 합니다. 제일 간단한 기준이 있는데 바로 '일상식'과 '보상식'을 구분하는 겁니다.

일상식은 말 그대로 일상적으로 먹는 음식들로 현미밥이나 닭가슴살, 단백질과 채소 위주의 반찬을 뜻해요. 보상식은 나에게 음식으로 주는 보상입니다. 일주일 동안 집안일도 잘했고, 운동도 빠지지 않고 갔고, 열심히 살았으니 주는 선물인 거죠.

떡볶이, 치킨, 불닭 같은 음식들을 일상식으로 먹었다면 이제는 보상식으로 생각해야 합니다. 보상으로 즐길 때 먹는 음식이지 '배고프니까 간단하게 먹을까?' 하고 먹으면 안 됩니다.

유지어터로 산다는 건 날씬해졌다고 아무 음식이나 먹거나 운동을 그만두지 않는 삶을 말합니다. 꾸준히 내 몸을 관리하고 보살피는 생활을 하는 거죠. 점심에 피자 먹고 느끼하니 저녁에 불족발 먹고 매우니까 아이스크림으로 입가심하는 그딴 일은 이제 안녕입니다.

#먹기전에한번더생각해 #어떻게뺄살인지

자신을 사랑하는 법을 아는 것이
가장 위대한 사랑이다.
- 마이클 매서

오늘의 음식

오늘의 운동

내일의 다짐

살찌지 않는 생활 습관 3 **허기에 이성을 잃지 않는다**

가끔 우리가 우리 자신을 너무 연약하게 바라볼 때가 있는데 바로 '아 배고파서 죽을 것 같다'라고 생각할 때입니다. 그렇게 느끼시겠지만, 안 죽어요.

저녁을 제대로 못 먹고 자서 아침에 너무 배가 고프다면 무가당두유 하나를 마시세요. 우리가 건강상에 문제가 있는 것이 아니라면 지금 당장 너무 배고파서 죽을 것 같아도 무가당두유, 저지방 우유 한 잔 마시고 10분 정도만 앉아 있으면 괜찮아집니다. 허기가 진정이 돼요. 그러나 그 순간을 참지 못해서 막 때려먹으면 후회의 시간을 맞이하는 거죠.

인간의 몸은 굉장히 과학적이고 정직해서 몸이 필요로 하는 영양분을 넣어주면 진정이 됩니다. 거의 대부분 호르몬의 장난이에요. 진짜 위가 들러붙어 아사 직전이어서 밥을 달라고 하는 게 아닙니다. 현대인들은 오히려 영양 과다예요. 오히려 비만이 현대병이잖아요. 우리가 배고파 죽겠다는 건 내 생각이지, 죽지 않습니다.

 김해영 원장의 똑똑한 다이어트

반복되는 금식, 염증, 스트레스 등으로 뇌가 포만감을 느끼게 해주는 렙틴 호르몬을 인식하는 데 문제가 생기면(렙틴 저항성) 배가 부르다는 느낌을 잘 받지 못합니다. 그래서 '거짓 배고픔'을 느끼는 경우가 많죠. 이럴 경우에는 거짓 배고픔을 느끼는 원인을 파악하여 먼저 치료해 주는 것이 다이어트를 하는 것보다 더 중요합니다.

DATE   /   /

모든 것은 자기 자신과의 약속으로부터 시작하고 또 끝난다.
- 김진애, 『여자의 독서』

오늘의 음식

오늘의 운동

내일의 다짐

살찌지 않는 생활 습관 4 **먹은 만큼 운동한다**

운동은 평생 친구로 가져가야 한다고 앞에서 말씀드렸죠? 먹고 싶은 음식을 맛있게 먹고 사람들과 즐거운 시간을 보내고 나면 자연스럽게 '오늘 맛있는 거 먹었으니까 운동 한 시간 더 하자' 하는 생각이 들어야 합니다. 먹은 만큼 운동하는 게 자연스러운 사고의 흐름이 되어야 한다는 거죠. 물론 전교 꼴찌가 갑자기 1등 하기 어려운 것처럼 그동안 묵은 때처럼 덕지덕지 낀 나쁜 습관들을 한 번에 지우는 것은 쉽지 않은 일입니다. 그래서 우리가 곰도 참고 견뎠다는 100일을 습관 들이는 기간으로 정하고 꾸역꾸역 해내고 있는 거 아니겠어요?

일단 내 몸의 기적 같은 변화를 맛보고 나면 소위 '운동을 즐기는 사람'의 문턱에 들어서게 될 겁니다. PT는 안 하더라도 헬스장에 꾸준히 다니거나 저처럼 춤을 좋아한다면 줌바나 스포츠댄스를 시작해도 좋습니다. 부러운 몸매를 가진 강사를 찾아가서 매일 자극받으며 함께 필라테스나 요가를 하는 것도 좋지요.

하다 못해 오늘 좀 많이 먹었다 싶은 날에는 아이 손을 잡고 나가 놀이터라도 10바퀴 돌거나 묵은 옷장 정리를 하면서 집 안에서 만보 걷기라도 꼭 실천하고 자는 거죠. 이렇게 먹은 만큼 당연히 운동하는 습관을 들여야 합니다. 먹고 움직이지 않으면 살은 금방 다시 찌니까요.

#양치하듯당연하게 #먹었으면운동하기

최고의 약은 바로 걷는 것이다.
- 히포크라테스

오늘의 음식

오늘의 운동

내일의 다짐

살찌지 않는 생활 습관 5 텔레비전은 운동하면서 보는 것

오늘부터 무조건 '묻지도 따지지도 않고 텔레비전은 헬스장에서 보는 거'라고 딱 정하세요. 트레드밀을 타면서요. 물론 아이가 너무 어리지 않고 여유가 있다면 기계를 하나 사서 집에 두는 것도 좋은 방법입니다. 그러면 텔레비전을 볼 때 소파가 아니라 무조건 기계 위에서 운동을 하면서 보는 것으로 정하는 거죠. 텔레비전 프로그램이 보통 한 시간이니까 유산소 한 시간은 무조건 하게 돼요. 텔레비전은 누워서 보는 게 아닙니다.

내가 좋아하는 프로그램을 운동하면서 보는 겁니다. 운동하다 숨이 차서라도 텔레비전 보는 시간을 딱 한 프로그램으로 제한할 수 있고, 좋아하는 프로그램을 낄낄대며 보다 보면 시간도 금방 갑니다(물론 저처럼 아침 공복 유산소운동을 하다가 슬픈 다큐를 보고 사연 있는 여자마냥 꺼이꺼이 울게 되는 부작용이 있을지 모르니 기왕이면 밝은 프로그램을 보세요). 이렇게 정해두지 않으면 집에 가서 피곤한데도 습관적으로 텔레비전을 틀어두고 멍하니 있다가 금쪽같은 시간을 수돗물처럼 흘려보내는 것으로 하루를 마무리하기 마련입니다. 텔레비전을 보다 잠이 들면 제대로 숙면을 취할 리 없으니, 다음 날 온몸이 무겁고 어깨에 곰 한 마리 얹은 것 같은 피로를 달고 사는 악순환에서 벗어날 길이 없습니다.

그러니 텔레비전은 운동하면서 보세요. 너무너무 눕고 싶다면 최소한 앞에서 소개한 누워서 하는 홈트라도 하면서 보세요. 텔레비전은 운동하면서 보는 거니까요.

#그냥누워티비보며 #언제까지여주인공부러워만할텐가

습관은 최상의 하인이 될 수도 있고
최악의 주인이 될 수도 있다.
- 나다니엘 에몬스

\# 오늘의 음식

\# 오늘의 운동

\# 내일의 다짐

살찌지 않는 생활 습관 6 스스로 칭찬하기

한 가지 고백하자면 100일 동안 매일 아침마다 날이 좋아서, 날이 좋지 않아서 '오늘 공복 유산소 제낄까?' 하는 생각이 들었습니다. 어찌어찌 준비하고 헬스장 건물에 도착해서도 갈등은 계속 됐죠. 듣고 있는 노래가 너무 좋은데 이것만 듣고 천천히 들어갈까? 아니면 오늘은 커피만 한 잔 사서 집에 가버려? 내가 하루 빠진다고 누가 경찰에 신고하는 것도 아니고, 누가 알아주는 것도 아닌데…… 온갖 잡생각이 몸뚱이를 칭칭 감고 놔주지를 않더라고요.

하지만 일단 헬스장 문이 열리는 순간 상황은 180도로 역전됩니다. 문이 열리고 헬스장 특유의 쿵쿵대는 음악소리가 들리면 '아, 오길 잘했다' 하는 생각이 들더군요(홈트밖에 할 수 없는 경우를 빼고는 꼭 운동센터를 등록하라는 게 바로 이런 이유 때문입니다. 혼자 집에서 운동하는 것보다 땀 뽑기 좋은 환경과 분위기가 조성되어 있는 곳이니까 말이죠). 그 수많은 유혹을 뿌리치고 헬스장에 도착한 나 자신이 너무나도 대견하게 느껴집니다.

공복 유산소가 좋았던 게 바로 이 희열의 순간이 있었기 때문입니다. 헬스장에 도착한 것만으로도 아침에 일어나서 30분 이내에 성취감을 얻는 거죠. 1일 1성취감.

이럴 때 쑥스러워 하지 말고 스스로에게 대단하다, 아이 참 잘했다 하고 칭찬해주세요. 100일 동안 다이어트 하고 있는 나 자신을 대견하게 봐주세요. 다이어트도 결국 나를 사랑하기 위한 방법 중 하나입니다. 나를 사랑하는 일에 인색하지 마세요.

#셀프쓰담쓰담 #궁디팡팡 #물과단무지도셀프 #칭찬도셀프

사람들이 행복하지 않은 것은
소박한 것들을 즐기는 기쁨을 잃어버렸기 때문이다.
- 조르디 쿠아드박

오늘의 음식

오늘의 운동

내일의 다짐

● 다이어트 상담소

Q 체중이 안 줄어드는데 제대로 하고 있는 걸까요?

Ⓐ   제가 자신 있게 말씀드릴 수 있는 게 있어요. 바로 절대 몸무게로 날씬하다 아니다를 판단하면 안 된다는 것입니다. 임신 전 51kg이었을 때 사람들은 날씬하다, 보기 좋다, 살 뺄 데 없다 했지만 사실 마른 비만이었지요. 늘 피곤에 찔어 있었고요. 지금은 53~54kg이지만 그때보다 더 날씬해졌다, 탄력 있어 보인다라는 이야기를 자주 듣습니다.

다이어트를 성공한 뒤 쾌감을 느끼는 순간은 싱글 시절의 옷이 맞을 때입니다. 출산한 뒤, 예전에 입던 옷들이 지퍼도 안 올라가거나 억지로 끼워 입어도 남의 옷을 빌려 입은 사람마냥 폼이 안 나서 짜증나고 슬펐던 적이 한두 번이 아닙니다. 심지어 야밤에 옷을 다 갖다버린 적도 있었지요.

지금은 49~50kg일 때 입던 청바지도 들어가요! 체지방 감량을 많이 해서 몸무게는 더 나가지만 사이즈가 많이 줄어든 거죠. 그러니까 부디 몸무게 숫자 하나하나에 너무 일희일비하지 맙시다. 일단 다이어트를 시작하면 체중은 안 변해도 몸매는 변합니다. 입지도 못하고 버리지도 못했던 옷들, 다이어트 하면 입을 수 있습니다.

#근육형날씬 #그게바로진짜건강미인

더 행복한 것은 하루하루가 예측 불가능이며,
누굴 만날지도 모르고 어딜 갈지도 모른다는 거죠. 인생은 축복이니 낭비하면 안 되죠.
– 영화 〈타이타닉〉

오늘의 음식

오늘의 운동

내일의 다짐

건강한 다이어트를 위한 추천 도서

저는 방송 18년 차의 묵은지 연예인입니다. 심지어 박리다매, 생계형 방송, 틀면 나오는 스타일의 '전문 방송인'으로 살다 보니 다양한 종류의 프로그램을 경험했죠. 특히 건강 프로그램에 출연하면서 수십 명의 전문의와 수백 개의 주제를 가지고 방송을 하니 거의 반(半) 전문가가 되는 것 같더라고요.

결혼 전 다이어트 제품 모델을 할 때 박용우 박사님과 방송을 한 적이 있었습니다. '탄수화물은 절제하고 단백질로 허기를 채워라', '적게 먹고 운동만 해서는 100퍼센트 요요가 온다' 이런 것들은 모두 박사님과 방송을 하면서 배운 검증된 지식입니다. 그래서 다이어트를 시작할 때 박사님 책을 찾아서 한 번 더 읽었습니다. 또 이것저것 아는 척하고 싶어서 유명하다는 건강 블로그들을 뒤져 올바른 다이어트법을 확인하고 아는 상식도 다시 한 번 배우고 그래도 잘 모르겠는 건 주변에 차고 넘치는 전문가 인맥을 끌어다가 확인했습니다. 이 책에 담긴 내용은 제 시간과 노력을 기울여 얻은 정보들이니 여러분에게도 도움이 되리라 믿습니다.

다음은 건강한 다이어트를 위해 한 번쯤 읽어봤으면 좋은 책들입니다. 공부든 다이어트든, 연애든 재테크든, 일단 정보가 생명입니다!

● 안선영의 다이어트 추천 도서

박용우, 『지방 대사 켜는 스위치온 다이어트』, 루미너스, 2018
샤샤정, 『하루 20분 샤샤정의 알파벳 필라테스』, 비타북스, 2013
카비타 데브간, 『미라클 핏』, 스토리3.0, 2017
스티븐 왕겐, 『밀가루만 끊어도 100가지 병을 막을 수 있다』, 끌레마, 2012

당신을 더 이상 섬기거나, 성장시키거나, 행복하게 만들지 못하는
모든 것과 작별함으로써 자신을 충분히 존중하라.

– 로버트 튜

오늘의 음식

오늘의 운동

내일의 다짐

D5

명품 백보다 명품 배가 더 낫다

제 첫 번째 책 『하고 싶다 연애』는 싱글일 때 최대 난제인 연애와 결혼에 관한 책이었습니다. 뭐든 일단 시작하면 열심히 하는 스타일이기 때문에 연애도 열심히 했습니다. 짝을 찾는 데 시간과 에너지를 많이 썼죠. 덕분에 좋은 사람 만나서 결혼도 하고 아기도 낳았고요.

그럼 싱글일 때 짝찾기에 들였던 시간과 에너지는 결혼 후에 어디에 써야 할까요? 이제는 내 삶을 개척하는 데 사용해야 합니다. 제가 결혼하고 나서 느낀 것이 '결혼을 상상하는 것'과 '결혼이라는 현실'은 정말 다르다는 거였어요.

이 남자를 잘 안다고 생각해서 결혼한 건데 딱히 그런 것 같지 않았죠. 이렇게 무뚝뚝한 사람이었나? 출장 갔다 올 때 선물 하나 사올 수 있는 거 아니야? 이런 생각들이 들었습니다. 다른 사람들이 SNS에 올리는 자랑샷들도 그런 생각을 부추겼죠. 누구 남편이 출장을 다녀오면서 명품 가방을 사다줬네 뭘 사다줬네, 이런 걸 보고 갑자기 남편한테 닦달을 해도 제 남편은 그런 걸 사올 줄 모르는 아니 그런 돈을 못 쓰는 사람입니다. 그러면 '샤넬'이 아니라 '싸구려'를 입어도 예쁜 몸을 만드는 게 속 편해요.

남편이 비싼 선물 펑펑 안 사준다고 이혼할 건가요? 아니 그리고 이혼하고 나간다고 해도 갑자기 돈 많은 남자가 저를 좋아하지도 않아요. 제가 김미경 원장님 토크쇼에 갔다가 듣고 빵 터졌던 말이 있습니다. 인생의 고민을 해결해 주는 주문이라며 김미경 원장님이 이렇게 말씀하시더라고요. "싱글들 다 손 들어. 뒤통수에 손 없어. 그리고 쓰담쓰담 하면서 따라해! 자 부자는 나 안 좋아한다, 내가 벌자." 이거야 말로 원효

운동으로 되찾은 섹시미

대사의 해골 물에 버금가는 명쾌한 인생의 해답 아니겠습니까?

연애할 때 남자들은 있는 척을 해요. 본인 월급을 저한테 다 쓰고 평생 그렇게 해줄 수 있는 것처럼 굴죠. 하지만 결혼해보면 그게 아닙니다. 설사 남편이 월급 100퍼센트를 나한테 쓰는 사람이라도 아이가 생기면 제 마음이 그렇게 못하게 해요. 아이 것 사야지, 공과금 내야지 하고 생각하게 되죠. 사실 남자는 하나도 변한 게 없어요. 벌이도 그때랑 똑같죠. 우리 상황이 바뀌었고 우리의 눈이 바뀐 겁니다. 소위 철이 드는 거죠. 결혼은 현실이니까요.

내가 선택한 결혼이고 식 올렸으면 이 남자에 대한 고민은 끝내야 합니다. 그럼 우리가 할 수 있는 일은 무엇인가요? 호텔 가서 커피 마시고, 고급 레스토랑 가서 파스타 먹을 수 없으면 그걸 부러워하고 앉아 있는 대신 빛나는 몸, 깨끗한 피부, 건강한 머릿결 만드는 게 속 편합니다.

'물질보다 경험에 지갑을 열자'는 제 좌우명과도 같습니다. 남편이 사다 주는 명품 백보다 내가 만든 명품 배가 더 소중하고 가치 있어요. 가질 수 없는 것들을 욕망하지 말고 내가 만들 수 있는 것, 내가 바꿀 수 있는 것에만 집중하고 만들어 가요. 그것이 행복한 결혼 생활의 첫걸음입니다.

#물론명품복근에 #명품백까지들면 #더간지나겠지 #흥 #난부럽지않지않아 #인생의우선순위대로 #써나갈수밖에 #물질보다경험에지갑을열자 #그것이진짜남기는인생

건강한 몸은 정신의 전당이고
병든 몸은 감옥이다.
- 프랜시스 베이컨

오늘의 음식

오늘의 운동

내일의 다짐

몸짱, 엉짱, 얼짱, 마음짱으로 4짱 완성

나이를 먹고도 날씬하고 탄력 있는 소위 '세월을 거스르는' 몸매는 철저한 자기 관리와 꾸준한 운동 그리고 건강한 식단이 병행되지 않으면 아무리 타고난 절세미녀라도 만들기 힘듭니다. 그래서 그런 말이 있죠. 여자는 20대에는 예쁜 여자가 예쁘고, 30대에는 세련된 여자가 예쁘고, 40대에는 건강한 여자가 예쁘다라는.

100세 시대라 하니 나이가 마흔이 되어도 이 몸을 사오십 년은 더 써야 합니다. 그러니 정신 바짝 차리고 연륜만큼이나 근육도 붙이고, 굳은 심지와 함께 곧은 체형도 만들어야하지 않을까요?

어릴 때는 다이어트가 몸매 뽐내기용이었다면 지금의 다이어트는 나의 건강과 삶, 더불어 온가족의 행복이 걸린 중대한 습관입니다. 딱 100일 투자해서 몸짱되고, 엉짱되고, 더불어 피부도 탄력을 회복해 얼짱까지 된다면 늘 웃음꽃 피우며 사는 마음짱까지 되지 않을까요? 자 다같이 도전해봅시다. 40대면 4짱되기!

#몸짱 #엉짱 #얼짱 #맘짱 #합이4짱

계속 웃어라.
인생은 아름답고 웃어야 할 일로 가득 차 있다.
- 마릴린 먼로

\# 오늘의 음식

\# 오늘의 운동

\# 내일의 다짐

내 몸을 아끼고 사랑하기

어떤 날은 너무 춥고, 어떤 날은 아프고, 어떤 날은 너무 피곤하고, 또 어떤 날은 내 역할이 너무 무겁고 지쳐서……. 운동하지 않을 수백 가지의 이유와 '내가 이렇게 애쓴다고 뭐가 그리 크게 달라지겠어'라는 회의가 밀려오지만, 그렇게 지치고 힘든 날일수록 운동하세요.

죽을 등 살 등 끙끙대면서 땀을 흠뻑 흘리고 헉헉대며 목표치만큼 운동하고 나면 '역시 하길 잘했다', '힘든 일도 다 이겨낼 수 있겠다' 하는 긍정 에너지가 샘솟습니다.

운동하는 동안 잠시 잊었던 육아 고민, 시댁 갈등, 매일 양말을 뒤집어 벗어 던지는 남편에 대한 원망은 운동이 끝난 후에도 그대로 남아 있지만, 놀랍게도 내 몸만은 확실히 변합니다. 군살이 날아가고, 근육이 붙고, 피부가 맑아지는 등 눈으로 볼 수 있는 변화 말고도 체력과 함께 정신력도 강해지는 기적이 일어나죠.

오래 잘 써야 하는 내 몸이에요. 엄마라는 이름 아래 내 몸을 아끼고 사랑하는 일을 소홀히 하지 마세요. 나의 능력을 의심하지 말고 내 몸을 아끼고 사랑하기 위해 몸을 움직입시다. 일단 운동을 시작하면 의지도 상승하고, 할 수 있다는 자신감도 생기니까요.

#그것이바로 #엄마라는존재 #살아가는힘

당신이 인생에 이미 갖고 있는 좋은 면들에 감사하는 것은
모든 풍족함으로 이끄는 토대가 된다.
- 에크하르트 톨레

오늘의 음식

오늘의 운동

내일의 다짐

당당하게, 자신 있게, 행복하게

거의 매일 운동을 하러 나가다 보니 민낯에 대충 티셔츠와 청바지를 꿰어 입고 모자를 눌러 쓰고 다니기 일쑤입니다. 길을 걷다가 가게 유리에 비친 제 모습을 우연히 볼 때가 있는데, 이런 말을 제 입으로 하기 쪼매 쑥스럽지만 예전에 세게 화장하고 힐 신고 멋이란 멋은 다 부리고 다닐 때보다 더 예쁜 것 같습니다. 건강하고 생기 넘치고, 당당해진 덕분이겠죠?

100일이 길다면 긴 시간이지만, 앞으로 한참 남은 우리의 미래를 위해서는 짧은 시간입니다. 처음에 습관 들이기가 어려워서 그렇지 100일 동안 꾸준히 식단 관리하고 운동을 하면 입맛도 바뀌고, 오히려 운동 안 하면 몸이 아픈 지경에 이릅니다.

100일 동안 점점 체력도 좋아지고 잘 자고 잘 일어나게 되는 몸의 변화를 느끼셨나요? 언제나 잊지 마세요 내 인생의 주인공은 나라는 것을! 밝고 자신감 있는 여자, 당당하고 행복한 엄마는 스스로 만들 수 있습니다.

#내인생주인공은 #나야나 #바로나

꽃을 활짝 피우기 위해 감수해야 할 위험보다
꽃 봉우리 상태를 유지하기 위해 감수해야 할 위험이 훨씬 크다.
 - 아나이스 닌

오늘의 음식

오늘의 운동

내일의 다짐

평생의 숙제 건강히 먹고 사는 일

여자들에게 다이어트는 평생 고민이죠. 엄마이자 유지어터인 저의 평생 숙제는 '건강히 먹고 사는 일'입니다. 우리가 다이어트 하는 이유가 맛있는 거 잘 먹고 건강하게 잘 살기 위해서 아니겠어요? 그러려면 단순히 깡마른 몸매, 날씬한 팔다리만을 목표로 해서는 안 됩니다. 내 건강을 망치는 잘못된 생활습관들을 바꿔서 평생 건강하게 먹고살 수 있는 습관을 만드는 것을 목표로 해야 해요.

지난 100일 동안 매일매일 거르지 않고 건강한 식단, 꾸준한 운동, 잘 먹고 잘 자기를 잘 지켜왔다면 우리의 생활 습관은 놀라울 정도로 개선되어 있을 겁니다. 굶고, 몸에 해로운 약 먹고, 무조건 요요가 오기 마련인 급다이어트를 한 게 아니니까요.

건강을 관리하는 일은 평생에 걸쳐 해야 하는 일입니다. 마치 돈 관리와 비슷한 겁니다. 우리의 태생이 슈퍼울트라 킹왕짱 건강 체질이 아니라면 꾸준히 건강 관리를 해줘야 합니다. 지금 건강이 좀 좋아졌다고 관리에 소홀해지면, 로또 당첨으로 벼락부자가 되었다가 관리 못해서 졸딱 망하는 사람들과 다를 게 없어요.

건강히 먹고 사는 일. 그 무엇보다 중요한 일입니다. 모든 병은 우리가 먹는 음식에서 오고, 작은 습관 하나가 우리의 남은 평생을 좌우하는 법입니다. 단순히 살 빼기가 아닌, '건강하게 먹고 살아가는 습관'이 우리가 늘 신경 쓰고 관심을 가져야 하는 일이라는 거, 잊지 마세요.

#eat_clean #live_clean #live_healthy #stay_lean #stay_fit #lovemylife!

밥 먹고 당연히 양치하듯이
먹었으면 당연히 운동하자.
- 안선영

오늘의 음식

오늘의 운동

내일의 다짐

할 수 있다 다이어트

드디어 D-day입니다. 그동안 성실하게 100일을 보내셨다면 제가 결혼과 출산, 마흔 등을 지나며 사회적으로 거세당하고 잃어버렸었던 '여성성'을 되찾은 그 희열을 여러분도 느끼셨을 겁니다. 100일 다이어트를 마친 뒤로 "아줌마가 몸은 만들어서 뭐하게?"라는 말은 더 이상 아무런 걸림돌이 되지 않았습니다. 제 스스로 쌓은 자존감과 이제 무엇이든 할 수 있다는 자신감이 생겼기 때문이죠.

저의 다이어트는 단순한 '살 빼기'의 과정이 아니라 유부녀를 향한 사회적 편견, 가족이라는 이름으로 엄마에게만 당연하게 요구되던 희생, 현실과의 타협, 게으름, 남 탓만 하는 미성숙함, 그리고 옆에서 끊임없이 불평불만만 늘어놓으며 부정적인 에너지를 풍기는 사람과의 관계 등 '행복을 가로막는 것들'을 빼내는 디톡스의 시간이었습니다. 진정한 '미타임(me time)'이었던 것이죠.

엄마도, 아내도, 딸도, 며느리도, 언니도, 누나도, 동생도, 친구도 아니고 그저 나 자신으로 존재할 수 있었던 소중한 이 100일의 시간이 제 인생을 180도 바꿔주었습니다. 흔히 체온이 1도만 올라도 면역력이 부쩍 상승한다고 하죠? 100일 다이어트가 제 체력은 물론이고 삶에 대한 면역력을 키워준 것 같아요. 저는 요즘 앞으로 살면서 생길지도 모르는 수많은 고난을 이겨낼 수 있는 정신적 면역력이 빵빵하게 올라온 기쁘고 활기찬 날들을 보내고 있습니다. 물론 살다 보면 또다시 엎어지고 자빠지고 아파하는 순간이 오겠지만, 그럴 때마다 눈이 오나 비바람이 부나 흔들리지 않고 매일 나와의 싸움을 이겨낸 이 100일의 시간을 기억하려 합니다. 하루도 거르지 않은 그 마음으로 또 다른 '100일'을 이겨내보려고요.

　혹시 여러분도 지금 그냥 포기하려 하거나, 시작조차 해보지 않고 오늘을 허비하고 있다면 인생의 '딱 100일'을 남은 삶을 위해 꼭 한 번 투자해보라고 말씀드리고 싶습니다. 내 인생을 바꿀 수 있는 마법은 스스로 달라지는 바로 '오늘'에서부터 시작될 테니까요. 그러니 기운차게 일단 한번 외쳐봅시다.

　너도, 나도, 우리 모두 "할 수 있다, 다이어트!"

ps.
　귀한 건강 정보를 기꺼이 나누어주신 제 건강주치의 셀앤핏의원의 김해영 원장님과 집에 갇힌 엄마들을 위해 바쁜 시간을 쪼개어 홈트 기술을 알려주신 샤샤필라테스의 샤샤정 선생님께 깊은 감사를 드립니다. 그리고 에너지, 자신감, 그 모든 것이 인생 최고치에 도달한 폭주 기관차 같은 작가를 만나 일상을 포기하고 이 책을 함께 출산한 임경진 편집자에게도 감사의 말을 전합니다.

●사진 저작권

Y.ZIN p.5~9, p.23, p.105, p.269 (장소 협찬 : 서울 핸드픽트 호텔)

100일 완성 날씬해지는 평생 습관

하고 싶다 다이어트

초판 1쇄 발행 2018년 5월 17일
초판 2쇄 발행 2018년 5월 28일

지은이 안선영
펴낸이 김선식

경영총괄 김은영
책임편집 임경진 **디자인** 황정민 **책임마케터** 이주화
콘텐츠개발4팀장 윤성훈 **콘텐츠개발4팀** 황정민, 임경진, 김대한, 임소연
마케팅본부 이주화, 정명찬, 최혜령, 이고은, 김은지, 유미정, 배시영, 기명리
전략기획팀 김상윤
저작권팀 최하나, 추숙영
경영관리팀 허대우, 권송이, 윤이경, 임해랑, 김재경, 한유현
외주스태프 프로필 사진 한정수(Studio etc) 홀트 사진 지나 정

펴낸곳 다산북스 **출판등록** 2005년 12월 23일 제313-2005-00277호
주소 경기도 파주시 회동길 357, 3층
전화 02-702-1724(기획편집) 02-6217-1726(마케팅) 02-704-1724(경영지원)
팩스 02-703-2219 **이메일** dasanbooks@dasanbooks.com
홈페이지 www.dasanbooks.com **블로그** blog.naver.com/dasan_books
종이 (주)한솔피앤에스 **출력 · 인쇄** 민언프린텍 **후가공** 평창P&G **제본** 정문바인텍

ⓒ 안선영

ISBN 979-11-306-1705-3 (03190)

이 책의 저자 인세 중 일부는 한국장애인재단(www.herbnanum.org)에 기부되어
예술 분야에 재능이 있는 장애청소년의 성장과 자립을 지원합니다.

다산북스(DASANBOOKS)는 독자 여러분의 책에 관한 아이디어와 원고 투고를 기쁜 마음으로 기다리고 있습니다.
책 출간을 원하는 아이디어가 있으신 분은 이메일 dasanbooks@dasanbooks.com 또는 다산북스 홈페이지 '투고원고'란으로
간단한 개요와 취지, 연락처 등을 보내주세요. 머뭇거리지 말고 문을 두드리세요.